超快速讀書法

The Most Effective Way to LEARN

打造強大閱讀力，
掌握專屬知識地圖！

王乾任 著

目次

輯一

輯二

附錄

本書使用指引

關鍵字	方程式	效用
修辭（哲學）	文法（哲學）	美學（哲學）
概念（科學）	邏輯（哲學）	真偽（哲學／科學）
符號（哲學）	符號（哲學）	善惡（倫理學）

↓
句子 →

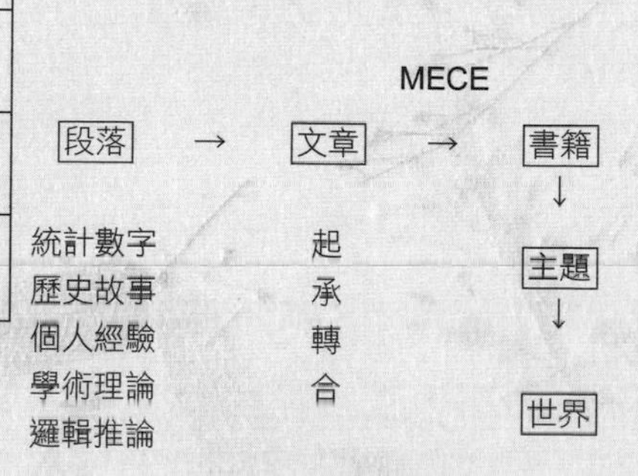

輯一

前言

為什麼書讀沒幾頁就昏昏欲睡？該怎麼辦？

書才打開讀沒幾頁就打瞌睡，不知道您或身邊的朋友是否也有同樣的困擾？

每次上「快速讀書法」的課程時，我都會讓參加的夥伴寫下最困擾的閱讀問題。幾乎每次都有人提到，雖然很想讀書，但卻讀沒幾頁就想睡，精力不支，相當受挫。

就我長年觀察，會發生這個現象主要有三點原因：

第一，讀書時間不對

首先，最常見的原因是沒挑對讀書時間。

雖然養成讀書習慣之後，隨時隨地都可以讀書，不過在養成習慣之前，讀書時間對學習效果的影響很大。

腦科學告訴我們，每個人每天大腦能夠用來思考與判斷決策的能量是固定的，用光了就得補充能量（進食，吃正確的食物而非喝提神飲料）或是睡覺，硬撐著是沒有用的，腦子只會越來越迷糊。熬夜K書或徹夜加班之所以效率差，關鍵就在於大腦能量已經耗盡（除非傍晚先睡一覺再起來工作）。

另外，腦科學研究發現，人起床後的第七個小時，是大腦運作效能最差的時候，通常是下午兩點到四點左右，所以，如果選擇在這段時間讀書，學習效果也不會太好，通常讀著讀著就會開始打瞌睡，即便是有讀書習慣的人，如果下午時段讀稍微困難的書，一樣會精神不濟。

最好的讀書時段是早上，一大早起床之後的第一個小時，腦袋最清楚靈活，最適合用來讀書。

最不適合讀書的時段，是下午或已經忙了一天的深夜，這兩個時段的大腦能量大多處於乾枯狀態，就算想讀書也是心有餘而力不足。

還有一種情況，就是想趁著休假，找個地方，好好讀一本書。如果不是本身已經擁有良好的閱讀肌耐力（讀書好比健身，閱讀的時間長度或難易承受度都需要練習，不會憑空產生）的人，想要一口氣花一大段時間讀完一本書，也會常常半途而廢，因為讀到一半就容易疲累或分心。

習慣網路生活且沒有讀書習慣的人，通常注意力很難長時間集中，最多半小時就會疲累，甚至有些人十五分鐘就得休息。如果想讀書，或是**想養成讀書習慣，建議每次十五分鐘，每十五分鐘休息一下，然後再開始，且一開始最好每天不要超過一個小時，將一個小時的時間切分成四段，分布在一天之內**，如此效果會比集中在一次執行來得好。

至於一次超過一個小時的閱讀計畫，要審慎評估，以免幾次下來都無法完成，反而折損了閱讀胃口。

第二，既有字彙量太少，解讀語句規則不熟悉

讀書想睡覺的第二個原因是字彙量太少，不熟悉如何解讀語句規則（如文法、片語、邏輯或符號意涵），或者對於主題感到陌生、書本身的概念密度太濃、符號意涵太多（俗稱的原典或比較艱澀的作品，都屬此類）等等。

當一個人擁有的字彙量太少，本身可理解文章內容的概念不足時，若沒有適時透過搜尋引擎或字典等工具搞懂未知的概念，那麼每當眼睛讀入一個未知的新概念，大腦就會不自覺開始猜測它的意涵，思考它的用法。

大腦只要一思考，就耗能，需要思考的東西一多，書讀沒幾分鐘就會覺得累。

閱讀陌生主題的作品，通常會覺得「卡」或者閱讀速度減慢，主要也是因為不熟悉該主題的概念與表現手法，也就是我們腦中儲存的既有資料不足的緣故。

閱讀艱澀作品想睡覺的原因也一樣，如果我們對於這些概念的使用規則感到陌生，需要大量動腦思考才能拆解文本意涵，思考多了就容易累。

像是文言文，我們學生時期多曾讀過，但在生活中已很少接觸，雖然仔細思考還是能想出它的意涵，但就是必須慢下來想。必須「慢下來想」不是因為不會，而是因為不熟悉或不常用。

解決字彙量不足的方法很簡單：強化基礎閱讀（多讀相關主題的歷史書或概論導讀類作品，也就是俗稱的入門書），**擴充字彙量與解析語句規則的工具，建立主題閱讀習慣，多查字典**，不要靠自己的腦子猜。

第三，迷失於書籍的論證之海

最後一個原因跟第二點有點像，也就是進入陌生領域後，開始思考陌生的內容，因過分耗費腦力而產生了睡意。不過，第三點發生是因為不了解書籍寫作的結構規則，如果學會了這規則，就可有效避免。

簡單來說，一本書的寫成，必然是為了解決作者所提出的問題。作者為了解決問題，就必須提出主張（解答／意見／論點／看法）。

然而，光有主張還不夠，作者還得證明自己的主張是正確的，最後才能讓讀者信服。

也就是說，一本書由**問題**（作者想解決的問題）＋**論點**（作者的主張）＋**論證**（作者用來說明主張成立的證明）所組成。

在篇幅比例上，「問題」說明大概佔百分之五到十，且集中在全書的第一章，連續密集出現問句形式之處，就是作者提出的待解決問題。

「論點」則常出現在第一章扣掉列舉問題之外的其他部分、全書各章的開頭與結尾，以及結論。佔比約百分之五到十五。

至於一本書剩下的百分之七十五到八十，都是「論證」，也就是作者用來說服讀者自己的答案為什麼有道理的部分，通常出現在每一章論點提出後，直到結論之前的篇幅。

常見的論證會使用統計數字、（引用）科學研究成果、既有學術文獻資料、新聞報導，也會運用歷史或個人經驗等「講故事」的方式呈現。

一個作者為了證明自己提出的看法為真而引用的證據，未必限於單一學門，得看作者的企圖心跟才學。例如《人類大未來》的作者（Jim Al-Khalili）寫書可謂旁徵博引，涵蓋人文社會自然科學領域的重要知識，且論證的概念密度不低（雖然文章通順好讀），基礎知識庫不夠厚實的讀者，光是讀起貌似順暢的故事敘述也很燒腦，讀沒幾頁就會累。

這部分的克服辦法有兩種：其一是增加基礎閱讀，也是根本之道；其二則是一個比較取巧而實用的方法，那就是相信作者的善意，接受他的答案，論證的部分，跳著挑一些有趣的看，不用全部閱讀，或是讀了碰到不理解的部分就跳過，不要費神思考。

雖然應該還有其他讀沒幾頁就想睡覺的原因，不過，上述三項原因應該至少包含了百分之九十的狀況，如果願意對症下藥，往後應該不太會再發生一讀書就犯睏的毛病。

上述講的是還沒養成讀書習慣但想要讀書的人，如果已經養成讀書習慣，閱讀肌耐力較強大者，不在此限。閱讀力強大的人，即便很累或是不夠熟悉的主題，仍然可以靠其耐受力與拆解文本結構的能力，堅持地讀下來。

你也有童年的閱讀創傷經驗嗎？

我喜歡讀書，也很幸運在大學時就養成讀書習慣，所以出門在外總會帶一本書，等車、等人的時光也會閱讀。不過很有意思的是，當相約的朋友看到我讀書，往往脫口而出的不是「你在看什麼書？」而是「你怎麼那麼認真、那麼用功？」

「認真」或「用功」，都是基於「讀書是為了準備學校考試」的認知才會出現的慣用語。許多人一旦發現你讀的書跟考試無關，往往會以「閒書」或「課外書」稱之，相對於填鴨教育考試的「教科書」，這在某種程度上是負面的詞。好比有些父母看到小孩在讀教科書以外的書，就會責罵：「不要再看課外書！」、「放著教科書不讀在那邊讀閒書！」。然而，這些所謂的閒書或課外書的水準，往往比義務教育時期的學校教科書來得好讀。

填鴨教育考試制度下的教科書，是破壞人民對書的好感，讓人厭惡讀書的幫凶。

我常開玩笑說，臺灣過去的填鴨考試教育，造就了成績好與成績欠佳的兩類學生，畢業後都不太讀書的現象（只有成績在中間的，可能日後還願意讀一點書）。

除了國文課本是選文合集，暫且不論外，其他考試學科的教科書要不是碎片知識的編整，就是找專門學者教授編寫，往往敘述生硬僵化，故事性低，缺乏趣味，讀起來常常覺得拗口。

教科書通常按照課程設計的成果驗收需求，設計知識出場順序，如此一來，去除了知識形成的問題意識與知識脈絡，本身已經不好讀，更別說不少編寫教科書的人寫作能力有待加強。

有些人上了大學，讀了國外知名學者編寫的教科書，再跟臺灣的教科書相比，才發現同樣是教科書，品質卻差很多，臺灣體制教育的教科書根本是用來毀滅閱讀興趣，而非促成學習。

總之，在國民閱讀胃口養成的過程中，讀了太多編寫品質及呈現手法都不良好、不利於日後養成閱讀習慣的教科書，並以此為年少時期主要閱讀書籍；加上教科書輔助的是填鴨考試系統的考試測驗，當讀書的印象與那段悲慘年少的求學歲月疊加在一起，多數國人擺脫考試教育後不自覺地逃避書或厭惡書，也是理所當然。

回想我國中時期，考試考不好，每一科的老師都要打，打完之後簡單檢討考卷，接著就講解新進度。

然而，錯的、不理解的地方，真的解決了嗎？

當然沒有，不懂的大多還是不懂，只是被迫擱置，若碰到後面進度需要使用之前學過的知識時，可能整串都跟不上，逐漸脫隊，最後說服自己不喜歡這個學門或沒有才能。

許多人不就是因為數學或自然科成績不好才被迫選讀文組或社會組嗎？

但是，真的是自己沒能力讀，還是課程與教材設計有問題呢？

也許都有，但是，責任不全在學生身上。

更重要的是，長此以往，累積在身體裡的只有考不好感到挫折，還要被打的痛楚的創傷，打完之後還是不會，繼續新進度而聽不懂的情況日益嚴重，於是被打的情況又變本加厲，到最後，不只討厭害怕考試，連帶也討厭代表考試與上課的教科書，還有學習這件事情，以及其他所有的書。

除非這個人原本就有自己閱讀課外書或閒書的習慣，不受填鴨教育制約——好比朱天心在《擊壤歌》裡說的，成天在中山北路上散步，大多花時間讀自己想讀的書，沒在管學校考試或教學進度。——只有這種原本就對體制教育擺出叛逆或不在乎的姿態，且讓課堂以外的書進入自己思想的人，離開學校之後，才能繼續讀書，領略書的好處。

然而，這樣的人，就國民總體比例來說，應該還是偏低的（端看每年公布的出版產值跟國人平均閱讀書籍數量可以推估）。

多數人不是因考試成績差而討厭書，就是考試成績太好（雖然人數相對不多），日後也很討厭書，是因為過往的填鴨教育考試多半要求背誦教科書上的知識，背誦型學習讓人不自覺的養成了讀書就要整本記住的印象，離開學校以後再讀書卻很少需要整本背下來，也不會特地花時間去背，於是往往讀完就忘記。

在學成績好的人，容易對此產生一種記不住知識的焦慮感，最後乾脆不讀書。我出社會後就碰過一些原本在學成績很好但卻不再讀書的專業人士，從事專業只需要使用專業知識或讀專業讀物，除此以外，他們不太閱讀。

填鴨考試教育對國人的閱讀體質是弊大於利，許多人承受這種創傷經驗，潛意識排斥書而不自知。

我常開玩笑說，一年讀不到五十本書的人其實需要的不是快速讀書方法，而是重新安排時間；或者好好審視童年經驗是否讓自己不自覺逃避讀書？

因為，讀完一本書約莫需要兩到三小時，每天安排半小時讀書都有困難的話，通常不是真的行程太忙或是世界太美好，而是我們以諸多理由逃避，因過往不愉快的閱讀創傷經驗而自我建構了一套不自覺迴避讀書的防衛機制。

不過，不管閱讀過程遇到什麼障礙，都有一個幫助恢復閱讀胃口的好方法，那就是學習理論中的「歸零學習法」。

所謂的歸零學習法，就是回到自己學習出狀況之前的狀態，從還沒脫隊、還能夠跟上的進度，重新開始。

好比說，如果數學到了小學五年級開始聽不懂，那麼，不管現在的自己幾歲，若想要學數學，就要回到小學四年級甚至更早之前的進度，從那邊開始，從頭學習。

並且相信，已經長大後累積了更多社會知識庫的自己，有自主學習動機的自己，可以有能力在重新開始時，克服當初讓自己放棄學習的困難。

如何透過歸零學習法讓我們重新養成閱讀習慣？我認為是讀童書，大量讀童書。童書是許多人最初開始接觸的書籍，是閱讀的原點。

童書字數極少、頁數不多，圖片精美，文字也簡單（但含意深遠者也不少），讀完一本花不了多少時間，沒有什麼理由讓人拒絕閱讀童書，既不可能沒時間，也不可能讀不懂，這是重新鍛鍊閱讀能力最好的工具，只要願意放下面子，從字數少的書開始讀，歸零學習。如果童書讀膩了，也可以搭配圖鑑或是橋樑書（例如十萬個為什麼？世界偉人傳記之類的作品），也是很棒的歸零學習時的閱讀類型。

建議有此狀況的朋友可以設定一年左右的時間，大量密集的至少讀三百本童書繪本或圖鑑，相信我，從頭學習可以讓您重拾閱讀樂趣，培養出好的閱讀胃口，排除身體內累積的童年創傷經驗，練出愛好閱讀的體質。

切莫小看童書，這些書除了文字少一點、用字簡單一點外，意義並不膚淺，且絕對讓你收穫良多，補足基礎知識。

而且你會發現，讀書這件事情，真正對自己有幫助的從來不是讀進去的東西有多少，而是你能從書中讀出多少東西，能講出多少東西，能有多少知識在生活中實踐出來？這些才是閱讀對生命真正的價值與幫助！

讀書之前先決定目的，因為讀書是為了解決人生中的問題

記得小時候的國文課本上有一篇談讀書的文章，其中有一句話，談到作者最推崇的閱讀境界是「為讀書而讀書」，也就是單純享受讀書這件事情就好。

境界很美，我相信作者自己也做到了。

不過，作為傳授國民基本生存知識的義務教育中的語言課本，收錄這樣對閱讀分等級且明顯有作者個人價值判斷的作品是否合宜，就是另外一回事了。

某種程度上來說，過往體制教育的作文教學也有同樣的問題。不是文學或美文寫作的訓練不好，而是作為國民義務教育，以文學寫作作為廣大國民寫作教學的主要類型是否恰當呢？

人生在世，我們有很多世俗的生存需求需要滿足，為此，我們需要書本的知識輔助，我們需要寫出很多文學性未必高卻對生活有幫助的商業應用文，可惜的是，義務教育的課程設計者顯然覺得這些不重要，往往在課程裡設定了更崇高的標準，希望國民達成。結果當然不順利，且義務教育還導致許多人畢業後不讀書，連基本的文字表達能力都欠奉。

所幸，新時代的課綱慢慢在修改這些錯誤。畢竟關於讀書這件事情，任何目的都是可以被接受且應該被尊重的。不能說一個人喜歡哲學或文學就看不起商業書（雖然在臺灣的確有很長一段時間處於這類狀況，媒體書評版完全不給商業書位置，明明商業書創造的產值貢獻極大），也不能因為自己能讀比較難的書，就嫌棄簡單的書沒水準。

每一種書的出版都有其價值和功能，服務其該服務的對象，每個人讀自己需要且想讀的書就好，實在不必管到其他領域去。

我想說的是，就算一個人是為了通過國家考試而讀書，那也很好。一個人為了提升職場競爭力而讀商業書，那也很好。一個人為了解決感情問題而讀兩性書，那也很好。一個人想多賺錢所以讀投資理財書或如何變成有錢人之類的書，那都很好。

讀書應該無禁區，沒有任何限制，也不應該被其他人的標準框限，每個人都有根據自己人生問題與目的或與趣需求讀自己想讀的書的權利和自由，這是閱讀的基本人權。

也就是說，閱讀目的與書籍類型的挑選這件事情，只有根據個人動機需求設定的差異，不該有高下或好壞之別。

附帶一說，就算讀到真的寫得很糟糕的書，也不要嘆氣失望或覺得浪費時間，你大可以寫文章好好談一談手上這本書之所以糟糕的理由，跟大家說清楚講明白，善用你覺得不好的作品，鍛鍊自己批判思考與邏輯表達能力，不也很好嗎？

至於讀書目的該如何設定？

就知識的擷取與記憶乃至爾後的運用來說，設定閱讀目的也是很重要的。讀書這件事情必須先有目的（目的則往往根據個人的動機），從目的回推出待解決的問題，根據待解決的問題尋找自己適合或應該讀的書。

如此，帶著問題意識跟具體目的進行閱讀時，但凡書中能夠幫助自己解決問題或達成目的的資訊出現時，我們的意識才能夠順利擷取，且擷取之後才知道如何在生活中實際應用出來。唯有藉由一套有頭有尾的讀書流程，閱讀過程中所抓取的重點才能真正的被記牢且不再忘記。

常有人問我說，書讀過後就忘了想記住的重點，該怎麼解決這個問題？

上述的做法就是其中一種解法，幫自己的閱讀找到目的跟動機，跟目的與動機扣連起來，讓書上的知識跟你的人生產生關聯，當關聯性越強，知識就越不容易忘記。

（通常我還會給另外一個說法，那就是忘記其實沒關係，忘記代表那些知識對當下的你來說是不重要的東西，大腦判斷不重要所以捨棄，那其實是好事。）

那麼，閱讀目的該如何抓取與設定？

說起來也很簡單，阿德勒曾說，「所有的問題都是人際關係問題」，人際關係包含像是愛情、親情、友情、同事、客戶……的相處，就是人生一大待解決難題，光是要解決這些難題所必須閱讀的書籍類型，不知凡幾？

其他像是財富的累積或工作成就達成，中年以後慢慢會更加看重的健康身體或心靈的維繫，生死的探索等等，都是常見的目的。

喔，考試也是常見的目的，但如果仔細深入思考，你會發現，人們之所以希望通過考試解決的問題，其實不是考試，而是上述關於人際關係或工作或財富的問題。

簡單來說，不管閱讀目的為何，大概都不脫上述幾大領域。

即便是文學或哲學那些高雅階級熱愛的學問，說起來也是在探究人類這個物種存在於世界上的生存問題，也不脫上述那些問題。

針對生活實用性找書來讀這件事情不應該被貶抑或視為可恥，反而應該被推崇，因為多數國人若能透過閱讀就解決了人生問題，對自己或國家社會都是利大於弊不是嗎？

就算一個人只是為了休閒娛樂而讀書，也是為了解決關於休閒娛樂的問題而讀書，只是成果是個人的放鬆或紓壓。

為了讀書而讀書，聽起來很高尚，實際上也很高尚，但唯有真正拿書裡的知識方法解決了各種人生問題的人，才有餘裕過上單純為了讀書而讀書，不為任何目的而讀書的生活。真非要排各閱讀位階，也該是先有目的的閱讀，最後才能夠達致為讀書而讀書，那時候之所以能夠如此，大體是已經不小心養成讀書習慣，就算沒目的也還是想要繼續讀書的緣故。

況且，對絕大多數人來說，讀書還是為了解決工作或人生中的問題，且不外乎人際關係，事業，財富，健康與生死五大議題。

我真心建議，每一次讀書，都應該先想清楚目的所在，先找出待解決的問題，根據這些問題就是閱讀時抓取重點的關鍵字，讀書過程中抓出來的重點，讀完書後好好整理成筆記，或跟人分享自己所讀到的東西，或寫成文章，或在生活中實踐看看，我敢保證，遺忘的情況將會改善很多，且人生可以在短時間內進階很多，當你願意真誠的使用書中知識，許多人生問題都能迎刃而解。

輯二

字詞

快速讀書法之測試你的閱讀均速

• 找一本你最常閱讀的文類，文章都能理解的書，測試一下，從頭到尾讀完需要多少時間？算出平均讀完每一千字需要花費多少時間？
• 了解經常閱讀的文章類型、平均閱讀速度，有助於規劃日常生活中的閱讀行程。

本書的目的之一，是希望提升大家的讀書速度。

為了有所本，或是可以作為新方法使用後的效果評估，應該在開始之前，請大家先測試一下自己的閱讀速度，稍作紀錄。

雖然說，不是經過專門的長期的速讀訓練的普通讀者，閱讀速度會受到文本的難易與個人當日的身心狀況影響而有出入，不過，大體上來說，還是可以抓出一個區間。

以我自己為例，自己擅長的專門領域的書，大概每秒鐘可以讀一頁，五到十分鐘左右就能讀完一本。非專門領域但是基礎概念熟悉的書，大概三到五秒鐘可以讀完一頁，半小時左右可以讀完一本。非專門領域且不熟悉的領域，比較難的人文社科原典大概需要三四個小時的時間，比較簡單的，則約莫一到兩個小時（四百頁以下）。

我認為，上述的閱讀速度應該足夠一般讀者使用，在不花大錢跟時間專門去學速讀，單以這本書中講解的方法技巧來自我鍛鍊，養成讀書習慣。

測試閱讀速度的方法有好幾種，我逐一羅列給大家參考，都可以用，交叉使用，找出自己最適合測試速度的方法。

首先，是以一本書為單位，先根據每行字數與每頁行數，推估出單頁滿版字數，再乘以總頁數，最後再除以自己的閱讀時間，就能算出每分鐘的閱讀速度。

假設一行有十五個字，一頁有二十行，全書有三百頁，那麼，單頁滿版就是三百個字，全書就是九萬字。若花費九十分鐘讀完，則每分鐘的閱讀速度是一千字。

附帶一說，成年人閱讀速度每分鐘達兩百五十字以上，就算合格，六百字以上就算快速，一千五百字以上算是專家等級。

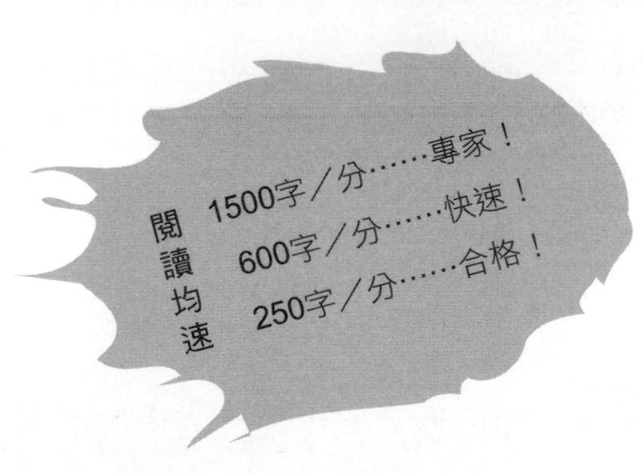

而如果你能將這裡講的字，轉換成我們書中所介紹的和製漢字而非單純的中文漢字，那麼實際上的閱讀速度就會更快。

第二種測法，是挑一本書的一章，原理跟第一種一樣，只是縮短閱讀量。

或許你會說，測法一樣，幹嘛要分份量？

那跟每個人的閱讀肌耐力有關。

閱讀是要花腦力去理解所讀入腦中的內容的，對於不擅長閱讀或雖然有閱讀習慣但不擅長長時間或閱讀長篇的讀者，以一本書的厚度來計算閱讀均速，可能會低估了閱讀速度。但是對於有閱讀習慣且經常閱讀的人，以「本」來測試是比較合理的。

此外，還不是很熟練或不習慣閱讀但想培養閱讀能力的朋友，我建議以「章節」作為每次閱讀單位，測試閱讀速度時，也以章為測試單位。

第三種測試速度的篇幅再更短，以單篇文章為單位，推薦給未成年學生或是閱讀能力有待好好提升的初入門者。

如果想要更全面的測試閱讀均速，理解自己的閱讀肌耐力，可以找來你平日裡習慣讀的書、喜歡讀的書、討厭讀的書、陌生的書、對你來說覺得很難的書，專業領域、娛樂休閒類的讀物，將各自的閱讀均速紀錄下來，我想在這個記錄過程中你應該會對各種文類的閱讀有一些自己的領會與感受。

找一段可以獨自安靜讀書的時間，用手機或碼表，記錄自己閱讀的起迄時間跟閱讀量，算出你的閱讀均速，記住這個數字，等全書讀完並且練完書中提升閱讀速度與理解能力的方法後，再重新測試看看，或是定期（好比說每三個月）測試看看，了解自己的閱讀均速有無變化之外，也可以順便感受並記錄，閱讀時的理解能力有無變化？

閱讀理解——我們是怎麼讀懂文章的？

閱讀時，我們所讀懂的文字，其實不等於作者所書寫的文字和意思，而是滲入了讀者自己過往經驗的體悟。因此，沒有兩個人讀同一篇文章，可以讀出完全一樣的意思。每個人或多或少都有自己獨特的理解／誤解。

我們的大腦在閱讀時，習慣根據自己所判斷出文章的主題，然後據此跳著尋找所想要抓取的訊息，而不會逐字逐句的理解。即便你一篇文章裡的每一個字都背下來了，但在理解、解釋文章時，還是會跳著以片段資訊來重新組合。不相信的話，要你重新用自己的話，將所讀過的一篇文章解釋一遍便可以發現，文章和你的解釋兩者之間的異同處了。

同樣的，我們閱讀日常生活中所遭遇的各種訊息時，也都採用跳讀的方式，大腦直接會去搜尋關鍵字，進行組合，然後再猜測、推敲、理解。Goodman認為，我們所懂得的，與其說是我們讀到的，倒不如說是我們腦中預期會讀到的。因為讀者在閱讀時，自然而然的便會猜測下面文字的開展方向和文字鋪陳模式。因此只要不超出我們預測的範圍，就能夠很順利的讀懂；若是超出我們預測範圍，則會產生閱讀理解的差異，甚至無法了解。

我們並不需要認識每一個字彙、片語、句型的每一種用法，就可以讀懂文章。這是非常重要的一個觀念。許多人以為必須搞懂所有單字和句型用法，才能夠讀懂文章的意思。其實某種基礎的文字邏輯和語言能力的掌握雖屬必要，但要精通一門語言或讀懂一篇文章，靠的卻不是這些，而是腦中培養出來的預測文章開展模式的認知能力，而這種能力必須透過多讀才能夠進步。

因為文字的意義乃是鑲嵌在文章之中，所謂文法、字辭典的解析，不過是語言學家或教育學者為了有系統的教育學生，而從文章之中進行編輯的人工產品。你可以不認識中文字，但卻可以用中文溝通，只要你在中文的環境中長大的話。因為語言的意義和使用模式，早已先於文章以及我們而存在於中文的生活環境之中。而我們理解意義是透過這些，而非表達文字的符號或文章。

我們閱讀時所使用的語言及其理解能力，都是作者和讀者在書寫和閱讀時將其帶入語言之中的。不是文章本身建構了意義，而是讀者和書寫者合作的結果。

因此，當我們讀到一篇不懂作者主要想論證的關鍵字，但卻懂得其他作者用來解釋這個關鍵字的文章時，透過其他文字的推敲，最後我們仍然能夠掌握其關鍵字的意思。例如，我們可能無法知道「晚期資本主義文化邏輯」是什麼意思，但透過一篇意圖解釋該概念的文章，最後我們能夠了解「晚期資本主義文化邏輯」這個概念的意思。

我們可以透過語言的聲音、文字的構成、語法、片語、句型、語意等線索進行判斷。也就是說，閱讀時我們是利用語言的規則和我們所帶入的經驗去理解語言中的意義，而且越往下讀，你就越能夠了解掌握。

一篇文章的組成由單字、片語、句型、概念、標點符號出現的次序、頻率、搭配模式所構成。我們對於一篇文章中原先就認識的單字、片語、句型、成語、概念或關鍵字的認識理解程度越高，越容易了解文章所想傳達的意思。

閱讀時，我們習慣從左而右、從上而下的掃讀文章，並且不時在一些陌生或者必須注意的關鍵字上停下來。每一次掃讀文章時，眼睛透過視覺刺激，將文字符號轉成訊息，輸入大腦，並與讀者大腦中原先所擁有的訊息進行比對。若比對相符的訊息，則較為我們所熟悉；比對不符或無從比對的訊息，對讀者來說則變成陌生而有待理解。

讀者將會藉由對文章接下來的開展的預測，試圖解開那些文章中透露著陌生感的訊息。透過反覆比對印證修改大腦與文章間的訊息，我們逐漸理解文章的意圖。但在一些關鍵的重點上，我們會不斷回頭去重新掃讀，好強化訊息，幫助意義的建構和理解。

我們所形成的感知，乃是根據我們所讀到的文章；然而我們讀到的文章，卻也是根據我們之前已經形成的感知而完成。這就是閱讀的感知循環，透過這個感知循環系統，我們依據大腦中已有的知識，選擇最有用的訊息，然後建構並且理解文章的意義。

然而，光是這樣還不夠。我們還必須了解這篇文章在這個文章主題下，是屬於哪一個層次，探討哪一個問題，由誰所撰寫、出版？也就是說除了文章本身所傳遞的資訊和概念外，文章所處的社會位置和時空環境，作者本身的社會背景，都會影響該文章的解讀。

舉例來說，要讀懂一篇醫學研究報告，除了要擁有專業醫學知識，了解醫學術語和科學研究方法之外，還要了解撰寫該篇研究報告的人，以及贊助這篇研究報告生產的單位彼此之間的社會關係。**唯有了解文本、文脈以及文本的社會脈絡三層結構間的交互關係，我們才能說真正讀懂了一篇文章**。

再舉一個例子，田單復國的故事在過去戒嚴時代的臺灣，被當作反共基地的臺灣被用來作為反共教育的一環。以至於學生在閱讀田單復國的故事時，選編故事者已經事先將該故事與田單這個人做出切割（因為田單後來離開了他所復的國家轉往其他國家當官），將符合反共教育所用的田單部分故事獨立出來，並且將田單的其他生平悄悄消除，以形塑選文者所要傳遞的訊息。

我們所讀到的從來就不是文章本身的意義，而是透過我們帶入的經驗所解讀出來的意思。有些是選文者或者撰文者所希望讀者讀出的意思，有些則不。另外有些則是讀者因為誤讀或其他原因而讀出的意思。

因此，學習閱讀絕對不是學會一堆單字片語或文法就夠了，那只是掌握文章構成的基本元素。學習閱讀並不等於學習單字，而讀懂文章並不等於讀懂文章中所有的單字或文法。我們所讀懂的文章和所讀到的意思，都是透過個人經驗和文章交易後所建構的產物。每個人都有自己用來建構文章意義的線索和方向，因此每個人都有獨特的意義建構，沒有兩個人會完全相同。

Ken Goodman說，有些人認為要讀懂文章必須先背下許多的單字片語文法句型或成語，其實這些反而是閱讀所累積的成果。我們所閱讀的文章是種媒介文字與意義的工具，作者使用單字片語文法文體，讓讀者在閱讀的交易過程中透過文章的構成要素（前述的單字片語文法文體），建構出文章的意義。

從「讀」中學才是閱讀的不二法門，學會閱讀、讀懂書的方法無他，不斷閱讀，時常反省咀嚼所閱讀的文章是唯一之路。

書要讀得快又好，你一定要認識和製漢字

首先，讓我們來做個簡單的測驗。

試回答以下幾個問題：

一、「社會結構」是幾個字？

二、「社會化」是幾個字？

三、「執行力」是幾個字？

四、「社會學」是幾個字？

其實，以上幾個問題的答案，都一樣，都是「一個字」。

或許你會說，這些「詞」怎麼會是一個字？

因為，這些字在原文裡都只有一個單字，不僅如此，在中文裡也有個專有名詞「和製漢字」，指稱這些「複合漢字」。

我知道在傳統中文，上述概念稱為「詞」，不過，我個人衷心建議，特別是想要讀書讀

得快又讀得好的朋友們，從今爾後，不妨將這些「詞」當成「字」來看待。因為，這種源自日本明治維新時代的和製漢字，使用好幾個中文漢字拼組出的複合漢字，才是如今當代華文日常閱讀的最小閱讀單位，因為一個詞表述一個概念，即英文的word。

為了接軌知識系統且避免錯判錯讀，改換認知會是比較有利於日後閱讀順暢的作法。

或許你會說，這在中文裡叫作詞，本有其定義與用法，為何要特別改成字？

那是因為，如今的現代中文裡讀到的辭彙，大多是源自西方學科知識而非承襲自過去的中文系統。

我們所生活的全球化世界，是以西方啟蒙運動與工業革命之後發展出來的知識系統所打造的，建構與評價知識的規則由西方世界打造，知識系統中的概念群的文字建構規則也多源自西方，我們日常閱讀雖然是以中文文字表述，骨子裡的概念跟邏輯仍是源自西方社會創建的知識系統。

無論你個人喜不喜歡這樣的現實，暫時都改變不了現狀。

因此，我的看法是，唯有在辨認底層規則的地方就進行觀念修正，不讓兩種文字表達系統的觀念混淆，閱讀才能順暢進行，才可能貼近文本脈絡理解而不出錯，書讀起來也會比較快速。

漢字的確是古代中國人的偉大發明，日後被東亞諸多國家借回去使用（例如：越南、朝鮮、日本），也逐漸發展出自己的漢字與使用規則。有些國家後來為了斷絕華夏天朝主義的干擾，放棄了使用漢字。例如：朝鮮與越南。有些國家則持續使用，還發揚光大。例如：日本。

日本在明治維新時代，以中國學來的漢字為基礎，創造出了一套能夠對譯西方學問的複合漢字規則，此一規則日後稱為和製漢字，後來日本自己還擴大創造出了和製外來語。

這大概是日本之所以能夠全盤西化、脫亞入歐的原因之一。在文明規則接收與使用的最基礎層次，就發展出了一套新語言系統，減少了文字翻譯過程中不可通譯性的困擾，減少了接收西洋新知識的阻力，順利使用新語言系統規則接軌新知識系統，且讓外來新知識可以不斷地進入自己原本的文字系統，被廣泛使用，從而再造社會的新認知觀念與制度設計。

日本人能將從中國學來的漢字視為單純的溝通與表意工具，敢於改革與修正，擴充文字的資料庫系統，同時擴充人民社會的大腦知識庫。

不若中國長期死守漢字規則，即便到了當代，還有不少漢字派堅持語言本質論，不接受文字是約定俗成、可以與時俱進，認為中文非得保留在傳統某個時期的使用規則與方法的前提下使用，如果改變就是違背祖宗家法，就是數典忘祖。此類古代最好的觀念的確非常中華，但卻也侷限了整個文明系統接受外來文明的機會，著實可惜。

或許也因此，明明當代中文的使用規則已經改變多年，為政者與知識菁英卻仍不想讓俗民大眾了解，掩蓋了透過日本學習西洋知識的歷史。在國民基礎語言學習規則的教導上（義務教育），仍然以中文漢字規則為唯一教學原則，仍以中國古典文學為主要教導文字使用意義與規則基礎。

偏偏這套教學方法讓許多上大學之後開始學習西方知識的學生感到困擾，因為大學中所學的知識系統並非源自古代中國，文字使用規則完全不同，講究的是字詞的概念定義與觀念的正確性，重視知識建構的邏輯推論的有效性（簡而言之更重視文字表達的正確），而非只是文字本身的修辭優美與否。

再加上配合將外來知識系統中的概念譯成中文的規則乃是和製漢字而非傳統漢字，卻不讓學生了解，許多大學生根本不懂甚至沒聽過和製漢字及其規則，繼續以自己讀的中文，而且還是古代中國人創造的漢字的規則閱讀西方知識系統的中文譯本（現代中文），若是不懂查字典，習慣性的望文生義，往往造成許多讀不懂與錯讀的困惑與挫折。

或許你會質疑，和製漢字不過是將幾個中文漢字組合起來，只是傳統中文的詞而已，並沒有特別了不起？

複合漢字只是和製漢字所創造的其中一種新使用規則，其他還有好比說社會學、經濟學、政治學、法學等等「××學」的翻譯規則，就是借用自拉丁文對學科的翻譯規則。

另外，我再舉個生活中隨處可見，但並非傳統中文字詞規則的例子：

－性：本性、可能性

－化：社會化、階層化

－度：信度、效度

－力：執行力

和製漢字之所以廣為沿用，是因為庚子賠款後，中國派遣留學生到日本取經，許多中國留學生發現日本翻譯的西洋書都能讀懂，於是開始將此套漢字規則取回中國使用。

的確，在和製漢字回傳中土的過程中，也有一些中國人加入了此套文字規則的設計與發明，也有一些貢獻，不過，追根究柢，多數的基礎都是日本明治維新後的知識人建立起來的，而當代中文世界仍舊不願意面對此一事實背後的深刻歷史意涵並給予肯定，造成許多中文人接軌西方知識時感到困擾。

可以說**當今中文世界所閱讀與學習的西洋科學知識的基礎概念之翻譯規則，大多來自日本創發的和製漢字**，這是認識和製漢字的規則之所以重要的原因。

舉個例子，說到「性解放」你會想到什麼？

在中文世界，有些人會對這種含有「性」字詞的概念直接望文生義，理解出了與此一概念原始意義截然不同的新意涵。

「性解放」一詞來自西方女性主義，講的是今天的女性能夠上學工作投票，女性不斷取回自主權的過程。

但在某些人眼中，性解放一詞被當成過度開放的性行為有關，這種錯誤理解是因為直接望文生義，直接理解字面的漢字進行聯想。

再舉一個例子，中文世界的基督教會，有些傳道人在講道解經時，常常直接對翻譯版本的中文聖經上的字詞望文生義，說出完全不符合聖經教導的理解。有一陣子，教會甚至還很流行從中文字聯想中文世界跟上帝的關係，最有名的一個例子，說什麼中文的「船」這個字拆開來看燈於一家八口上了舟（隱喻挪亞方舟）。這種無視造字規則的隨意解讀，其實在我們日常生活中也經常可見，只是我們是對著都看得懂的中文漢字組合而成的複合漢字望文生義。

如今已經不是光靠望文生義就能理解新概念新詞彙的時代，因為知識爆炸，每天都有新概念誕生，因此，閱讀時遇到不懂的字詞必須查字典，搞懂定義與使用規則，搞清楚概念的來龍去脈與正式用法，這是接受和製漢字為現代中文閱讀的基礎的好處之一。

好處之二，是可以大幅提升閱讀速度，只要改換眼睛接受漢字詞彙的認知框架，從傳統中文漢字的一字一意規則，調整轉化為一個關鍵字（通常就是一個和製漢字）一個概念的規則。

舉個例子，當您腦中不曾有過和製漢字的概念時，若在書中讀到「社會不平等」時，會不自覺的當成五個漢字，在腦中默讀五次（將每一個漢字逐一念出），但若視為一個（和製漢字）關鍵字，就只是一個字，只讀一次，就省了五分之四的時間。

當然，這需要稍稍練習，我建議以照相式閱讀的方法，以一個概念為基本閱讀單位，鍛鍊擷取書中字彙的基本單位（不以個別傳統漢字為基本單位）。

也就是說，閱讀時應該以關鍵字（或以傳統中文的概念來說，叫作詞）為基礎單位。如此，順利完成認知轉換的練習後，將可以大幅減少閱讀次數，至少提升閱讀速度兩到三倍（中文與英文的翻譯字數約莫一比二・五，也就是一個字詞平均來說可以翻譯成二・五個中文漢字），有效提升閱讀速度外，也能搞懂所閱讀的文字，以正確的字詞概念規則理解字詞，避免不自覺的望文生義干擾理解文本。

在這裡，我要說一個讓傳統中文漢字擁護者比較難以接受的觀念，如今我們所閱讀的現代中文作品中，除了極少數由華人書寫的文學作品與古文外，其他非文學類作品，也就是我們日常生活中大量閱讀的作品，即便是網路文章或報章雜誌，說穿了，大多只是以漢字來表述西方知識，我們使用修正過的中文文字規則來表達西方知識，其實只有字彙仍保留以漢字為基礎，想法觀念有很多已經完全西化。

也就是說，許多閱讀問題並非修辭或文學的問題，而是對西方知識系統及其背後邏輯規則的陌生才導致無法理解的現象。

透過「和製漢字」的觀念理解文章出現的字詞定義與使用規則，是其中一種解決辦法；接下來我們會在其他篇章介紹更多的解決辦法。

練習

找一本自己大學主修或工作領域的日文書，將書中的和製漢字抄寫出來，再找相關主題的臺灣作品對著看看，比較一下這些概念詞彙翻譯用語的異同性？

擴充知識庫，深耕基礎的好讀物
——歷史類作品助我們快速建立知識地圖

據說，股神巴菲特每次在決定是否要投資一家公司之前，除了營收和財報，還會把該公司創辦以來的所有資料甚至該產業的資料都找來研讀，徹底搞清楚狀況，故能發現這個產業或公司是否被低估，進而達到精準投資。

可以說，巴菲特是以他自己的方法重建了該產業或公司的發展史，再從這個歷史去判斷未來的可能性。

全球最大避險基金「橋水」的創辦人、《原則》一書的作者達利歐也屢次提到，他從年輕就關心歷史，透過歷史，我們能從過往發生的狀況推估眼前的事態發展，有助於解決當下問題。因為歷史就藏著人類世界的行為規律，屢試不爽。

好比金融史必談的荷蘭鬱金香泡沫化，從鬱金香泡沫化的歷史軌跡，可以對讀當前是否正在發生泡沫化？古人常說史可以觀興替，以史為鏡，正是此意。

歷史是自人類社會誕生以來所發生過的重要問題、事件與人物的彙整，掌握歷史，宛如掌握了一幅得以鳥瞰人類社會全貌的地圖，可得知各個事件的構成元素、事件與事件彼此之間的關聯性、仍待解決的問題、過往事件對人類的影響……。

想要快速學會一個學門或搞懂一件事情，最簡單的方法，就是找史書來讀。千萬別誤會，這裡講的史書，不是我們以前讀的那種歷史課本，而是偏向有主題的故事大全集。

比如想了解化學這個學門，先找化學史來讀，搞懂人類社會最早出現化學這個概念在何時？又是為何？當時發生什麼事情？哪些人發現或發明了化學？後來又發生哪些事情？又或者想搞懂日本，可以找日本史來看，除了找通史，還可以找日本文化史，日本思想史，日本建築史，日本藝術史等等，這些都是歷史，都有助於了解日本。

快速瀏覽同一主題的不同歷史作品，可以幫助我們迅速掌握該主題的輪廓，也能搞懂該主題的知識生產規則（研究方法）、核心問題、重要的理論流派或大師，總之，可以快速累積個人的社會知識庫，讓自己未來接觸該主題時，具備較多得以解讀該領域的專業知識。

腦科學研究告訴我們，人腦的資料庫越大，判讀資訊真偽與解決問題的能力就越強大。

像是職業棋士之所以同時跟許多人下盲棋還能贏，關鍵就在於他腦中關於下棋方法規則的資料庫比一般人來得強大，每個職業棋士腦中都有數萬套棋譜，透過棋譜掌握許多更加立體且有效的戰鬥方式。

讀歷史有什麼好處？

歷史可以幫助我們搞懂一件事情的來龍去脈，讓我們看事情能瞻前又顧後，避免以偏概全或過度推論，能理解相關的脈絡，判斷問題時有更多參考的資料根據，不至於被當代主義謬誤或個人主觀偏誤所干擾，做出錯誤判斷。

此外，讀歷史也可以避免被騙。殖民統治教育最為人詬病的一點就是竄改歷史，讓被統治者不知道自己真正的歷史，甚至受到誤導，自己通讀歷史則可避免被有心人誤導或干擾。

歷史絕對不是無用之學，而是判斷世事十分強大的秘密武器，面對疑問，不妨回到歷史裡去探查。就好像西方哲學的每一次轉向，都會重新回到柏拉圖，回到這個西方哲學的源頭，從頭、重新閱讀，再套入當代情境，找出新的意涵。

歷史知識，也是所謂人文素養或教養的構成元素，讀史不只是記住許多對我們有助益的故事，也是從過去的人物與問題中學習看事情的態度、剖析事物與做出判斷。某種程度來說，熟悉歷史的人不容易人云亦云，有自己一套看世界的觀點，有自己的主體性。了解歷史是一套讓人學會自主的技藝，或許不能直接拿來求職，但卻未必不能幫助一個人事業成功！要不然古代就不會有那麼多帝王愛讀史，還找人寫史；當代也不會有那麼多人想寫自己的書，想紀錄自己的人生經歷。

怎樣挑選適合自己的歷史書？

挑選適合自己的歷史書，可以從幾個主要面向思考：

首先，自己的工作專業領域——

從事金融投資的人可以讀金融史，從事政治工作的人可以讀政治思想史或國際關係史，從事觀光的人可以讀旅遊觀光史，從事教學的人可以讀文化史或教育史等。

每個人都能從自己的工作或專業領域出發，找出值得熟讀的歷史，好好下一番功夫通盤理解。未來專業上碰到疑難雜症時，可透過鑒古知今的訓練幫助自己。

其次，自己的興趣領域——

像是我很喜歡去日本玩，平常不能去日本玩的日子，我就多找關於日本的書來讀，為了更了解日本的全貌，我找了不少日本各類型的主題史。

喜歡電影的人可以追讀電影史，喜歡拍照的人看攝影史，喜歡建築的人可以找建築史來讀，心理師則不妨讀讀心理學史……，每一個公民都需要讀的，則是教科書以外的國家通史，搞懂這塊土地上過去的人們到底在想什麼？做什麼？

至於怎麼找書，除了上網查查該領域的達人推薦，我最推薦的方法，還是自己逛圖書館或書店。

市面上好看好讀的歷史書非常多，很難一概而論哪一本非讀不可，所以最好的挑書方法，是直接走到歷史書區，審視架上陳列的書，只要看了有興趣或產生心靈感應的書，就取下來翻翻看，看看封面、目錄、作者、文案，最後再花幾分鐘翻讀一下內容，如果自己讀得懂且興致盎然，那麼，就從這一本開始。

手上這本書讀完之後，想想書中談到哪本書讓你印象最深刻？就再以此書單為依據，找到下一本書。

讀書這件事情，我不建議太過仰賴他人推薦書單，不是別人給的書單不好，而是我們跟推薦人的程度或知識背景可能不是同樣的水準。

熟讀歷史的好處真的很多，光是提供個人做決策時的參考資料，就已經非常值得；更別說還能記住大量有趣的故事或知識，作為平日與人聊天的談資，好處訴說不盡！

書要讀得好，莫忘請方法論與工具書籍來相助

說起來弔詭，關於讀書這件事，不少人被「讀」這個字制約，而侷限了「書」的多樣性與功能。

並不是所有的書都適合用讀的，有一些書的功能並不是閱讀，而是存放資訊，讓人查找，例如字辭典或地圖。

書並不是只有閱讀一種使用方法。如何具體使用書中的知識解決生活或工作中的問題，也很重要。然而遺憾的是，書裡介紹鍛鍊技巧的方法時，多半已經到了文章尾聲，且不少人忽略其重要性，容易忽視或直接略過不讀——這是書的優點同時也是侷限：人們容易以文字的份量來推估資訊的重要性，因而將講解原理的部分看得比方法規則來得重。

相較之下，市面上有一種專門記錄知識的實用方法的書，俗稱工具書。工具書的書寫格式未必好讀，因為裡面沒有鋪陳介紹知識的故事或解說，大部分都是介紹知識使用的實作流程。

也就是說，工具類作品更像生活中執行步驟的文字版，是要讓讀者直接在生活中運用，而不是拿來讀就好的。

我在讀書法課程中，往往會推薦三種類型的書：

第一類是歷史書，請見上篇。

第二類是概論式的書。這類書會蒐集該主題的基本必備知識，通常就是該主題的知識硬核，也就是不懂就不能掌握該主題，且至今仍然有效的知識。例如經濟學概論類一定會介紹供需原理、邊際效用遞減、比較利益法則，因為這些是經濟學的核心，絕對不能略過。

第三類則是工具書，特別是方法類的工具書。這種書往往記載一整套生產知識的規則，好比多數科系都會教的「研究方法」，書裡的知識單純拿來讀是會覺得很枯燥的，但若是拿來輔助生產知識便很有幫助，它幫助我們了解該領域的知識生產規則，我們就算碰到問題一時想不起來可用的答案或概念，也可以這個規則，自行推敲出答案。

為什麼愛因斯坦會說，教育就是學校所學的知識全部忘光後剩下的東西？我認為關鍵就在此，愛因斯坦毋寧是方法論者，也就是說，知識內容忘光了沒關係，只要知道生產知識的「方法」，就可以自己再把知識生回來。

方法類工具書之所以重要，除了協助我們自行生產知識，還有一個理由，就是我們未來讀其他作品時，可以留意作者怎麼生產出這本書的知識？這些知識的來源可不可信？也就是說，具有方法論意識的人，讀書不會只讀知識內容，還會檢驗書籍知識構成的信度與效度，這就是方法學知識。

就我的觀察，日本的出版品擅長圖解，將知識的生產或執行流程分拆成模組或步驟，一步一步引導讀者從頭開始學，每一個步驟的練習與使用方法都講解得很清楚。

好比說，邏輯思考的書，日本出版了不少圖解版，一讀就懂，且能按圖操作練習，比起歐美出版的邏輯書，雖然知識解釋量比較少，閱讀趣味性比較低，但實用性高很多。

至於心理勵志、習慣學、職場工作術之類的作品，也有同樣的情況，歐美的勵志書擅長講很多感動或激勵人心的故事，日本的勵志書則會把鍛鍊方法一條一條的整理出來，甚至告訴你先別管原理，照著做就對了。這也許跟日本教育中，先規訓身體而非先講解道理原則的傳統有關。

無論如何，我認為工具書是閱讀不能忽視的類型，特別是需要自行生產知識的夥伴，想要快速有效的生產出實用知識，或是想要改正自己的錯誤，工具書與方法學作品都是不能忽視的存在。

翻譯書：接觸當代知識，直譯可能比意譯更好

臺灣盛行翻譯書，大量靠翻譯作品引進外國觀念補充本地原創知識的不足，出版產業也靠翻譯書賺取主要利潤。

因此，對於翻譯書的品質有要求的必要，這不只是美學考量，而是影響知識的正確性。過去許多人認為好的翻譯作品是將外文的語感與文法去除，讓作品行文像中文，也就是俗稱的「意譯」；至於直接按照外文語法與概念，保留外文語法的輪廓樣貌的「直譯」，比較受到詬病，甚至被諷為電子辭典翻譯法。

曾經我也相信「信達雅」這套翻譯標準，且認為意譯比直譯好，直到開始推薦一些邏輯思考的作品，學員反映讀不懂，我才想通了一件事：不是所有文類都應該選擇意譯。

以邏輯思考的作品為例，這是建立在西方知識系統上的學門，從核心概念到表述方式，往往在既有的中文語境中欠缺相對應的概念與語法規則，若非要將介紹邏輯思考的文字內容改寫成中文文法，語言重新排列組合的過程常常會讓邏輯語境中某些重要的元素消失，讓人

無法掌握邏輯思考的精髓。好比形式邏輯或三段式論證的推論規則，因為呈現邏輯推論的語感結構中本身並沒有中文的因子存在，勢必得以直譯來呈現原本的語法結構，才能忠實傳達邏輯推論的關鍵竅門。像這樣的書不但應該直譯，甚至最好的情況是將關鍵句子的原文也一併附上，讓讀者可以對讀，並且在書籍開頭註明，這類作品不能以閱讀中文文學作品的態度去讀，盡量放下中文語感，改採西方語言結構的理解方式切入，才能避免誤讀或錯判知識重點。

翻譯學中有所謂的不可通譯性，也就是兩個語言系統彼此並沒有共同表述同一概念的字詞，此時，翻譯方必然得自行創造新詞彙來對接專有名詞。

好比說，日本明治維新時代以原本的中原漢字為基礎，創造了複合漢字，以此作為翻譯西洋蘭學的基礎。因此，當我們在閱讀由中文寫成的西方科學知識時，不宜以傳統中文漢字的觀念（如一字一義）去理解書中的概念，不然就會鬧笑話。

前面文章舉過的例子，臺灣某些保守派團體看到「性解放」一詞便有了自己的特殊聯想，關鍵就在於直接以中文漢字的解讀方法對「性解放」望文生義；殊不知「性解放」其實是複合漢字，是一種和製漢語，必須三個漢字組合起來當成一個字讀，是一個專有名詞／理論概念／關鍵字，要正確理解此一詞彙，必須根據學科（女性主義）脈絡的定義，不能望文生義。

今天臺灣之所以鬧出許多閱讀理解的笑話，關鍵就在於沒有搞清楚我們現在所閱讀的文章中充斥大量外來知識的專有名詞，這些專有名詞的中文化的翻譯幾乎都是以日本人發明的複合漢字（和製漢字）方式呈現，字詞構造與字彙基本單位早就不是傳統中文的用法，不能再以傳統中國漢字的一字一義來理解。

在這個脈絡下，不只邏輯思考，擴大來說，源自西方的各種學門知識（從天文學物理學化學，到哲學、社會學、政治學、心理學，再到會計學、商學、管理學都是）的翻譯作品，最好遵循學科本身的語法呈現規則，不要貿然的以中文化語法結構翻譯之，以免沖刷了原始文本中的邏輯推論或專有名詞概念，造成錯誤理解。

好比前面提到的「性解放」不是表面字義「性的解放」，「解放」也不是表面字義感覺的「開放」或「隨便」；「性解放」是一個專有名詞（性指「性別意識」而非生理上的性），意指一個人意識到身體的自主權是自己的，不是別人的，別人不能支配我們的身體，自己的身體自己支配。此一概念開展之初，更多強調原本被父權支配的女性，贏回了自己的身體自主權。嚴格來說，女性的性自主只是性解放的其中一小部分，其他像是女性能夠自由求學或工作、自由戀愛或選擇結婚對象，甚至是享有投票等公民權，都是性解放涵蓋的範圍。

然而，因為不理解當代中文語言構造的變遷，繼續使用中文漢字的理解方式理解源自西方的知識概念，誤讀鬧笑話事小，耽誤了許多社會變革的推動事大。

某種程度上來說，我們所讀的書，雖然已經翻譯成中文，其實都是外文書，只是姑且借用中文漢字呈現，骨子裡的知識系統都是來自西方，是原本中文世界所沒有（雖然後來已經有中文世界的人參與這些知識系統的擴大與更新，但在知識引入中文世界之初，這些語言原本的概念或語法結構在中文世界中找不到相對應的概念，是直接從外國透過翻譯移植進入中文世界），要真正讀懂這些書，不能光看認不認識表面的中文漢字，還要辨認文章中的關鍵字與背後的組織邏輯。

翻譯書以中文化的文字或語法呈現，其實未必是好的，會讓讀者誤以為自己讀懂了，其實並沒有，因為那些漢字必須跟其他漢字組合成某個知識組塊，形成某個專有名詞或理論概念才具有實際意涵，而要讀懂這些關鍵字不能靠望文生義，必須查字典或深入理解這些專有名詞背後的學科知識脈絡。

在這個意義上，我認為翻譯書必須採取直譯而非意譯，且必須附上閱讀說明（也就是辨認文字概念或語法規則的方法），才不易讓讀者誤讀。

不用學速讀也能快速讀與抓重點的Z字形掃讀法

讀書要能夠讀得快的方法有很多種，好比我們在這本書裡倡議的提升理解能力，擴大累積知識庫，搞懂文章或書本的呈現結構等等，都是能夠有效提升閱讀速度與文本理解能力的方法。

不過，還有一種也不能忘了介紹，那就是正統的速讀技巧。

速讀課程，應該有不少人都報名參加過，也扎實的練了一段時間，但後來就放棄了。很可能是速度卡關上不去，或是覺得已經夠快了。

如果是前者，記得曾經有一位報名我的讀書法課程的朋友，報名的時候跟我提到了他的困擾。

我提醒他，如今坊間的速讀課程是外國人發明的，所以，在鍛鍊時應該做一些字詞上的觀念轉換，也就是前一篇文章裡談到的重點。唯有成功轉換字詞基本單位的設定框架，速讀的成果才能再向上晉升。

說實在的，我認為一般人不太需要鍛鍊正統的速讀技巧，只要掌握練習原理後，配合Z字形掃讀法進行閱讀也就夠了。

讓我先來分享一下**正統速讀的鍛鍊方法**。

速讀達人之所以會讓人覺得神奇，那是因為他們已經花很長時間練成速讀能力，之後才向公眾展示成果，某種程度就好像已經練成了鐵砂掌的人對公眾展示鐵砂掌的技法之威力，但是，這些人絕對不會展示自己鍛鍊鐵砂掌的漫長過程與各個階段所做的事情。

說到這裡，岔個題，您知道鐵砂掌的鍛練順序嗎？

沒有人一開始就拿鐵砂來鍛鍊手掌硬度，一開始是先打水，接著再慢慢提升用來鍛鍊手掌硬度的物質硬度，最終才是抵達鐵砂的層次。人的手在漫長的鍛練過程中，會因為不斷的受傷癒合而越來越強壯，終究練得鐵砂掌等級的威力。

速讀也是一樣，速讀課程中有很多時間，讓學習者鍛練眼睛在同樣的時間長度中的文字耐受長度。

如果您有買過速讀法的書（沒買過可以買來看看或去借），書的後半部會有一些字詞圖表，這些就是速讀課程歸納出來的生活常用字詞，字詞可再區分為一字詞（如你、我、他）、二字詞（如你們、我們、他們）、三字詞（如為什麼、我愛你、不可以）、四字詞

（女媧補天、三藏取經）……

初學者得從一字詞開始，假設練習是將文字投射到投影布幕，那麼，最初一個畫面上，只有一個一字詞。

當投影布幕快速的投放一字詞後，詢問初學者剛剛看到了什麼？

接著，是增加一字詞的數量，變成兩個、三個、四個……十個一字詞……二十個一字詞……一百個一字詞。

接著，是二字詞、三字詞、四字詞，按照同樣的順序，逐漸增加投影布幕中的文字數量，但卻要求學習者在同樣的時間辨認出投影布幕上的文字。

若能練到一眼之間同時看出一百個四字詞，等於一秒鐘就可以閱讀四百個字，那麼一分鐘就能讀兩萬四千個字。

理論上是可行的，實際上是否有人練到如此等級我就不知道了。

或許你會認為，怎麼可能？

我來講講鍛練**速讀的理論原則**。

首先，請記住一個觀念，**我們人類不是用眼睛閱讀文字，而是用大腦判讀透過眼睛所接收的外部圖像或文字資訊**。

簡單來說，我們不是用眼睛讀，而是用腦子讀。

並且，人的大腦以超越人類意識層次的速度，在人都還沒有意識到的情況下，在腦中預先產生了一個外部世界的模型，所謂的觀看，乃是眼睛接收進大腦後的訊息，跟大腦預先設定的模型進行比對。

網路上有一種圖，許多字詞的順序全都錯亂，但你一眼看過去，卻能清楚讀出圖上的文字，直到經提醒細看，才發現原來有一些字詞順序錯誤或是錯別字。那是因為我們真正的閱讀過程，是大腦預先於我們設計出了一個等待判讀的模型，經意識理解的閱讀，是事後的追加確認工程。

速讀毋寧是利用此一原理，將其極大化，透過由淺到深、由少到多的反覆訓練過程，讓人腦相信自己可以同時間接收大量文字訊息的能力。

某種程度上來說，訓練速讀得將眼睛徹底當成照相機，並且深刻意識到自己是透過大腦進行資訊判讀而非眼睛。

另外還有一點很重要，那就是，我們多數人的文字閱讀速度之所以慢，是因為我們在成長過程中，被順時性、線性的文章制約，我們習慣跟著文章的順序進行閱讀，卻大幅侷限了眼睛同時間接受資訊的能力。

但人的眼睛與大腦其實是可以在一瞬間接收龐大的資訊。

認知科學家曾經做過一個研究，讓受測者一口氣觀看一千張圖片，第二次觀看時，抽換掉一百張圖片，然而，每一個受測者都能分辨出是哪一百張被更換。

圖片的訊息量並不比文字少，為何只看過一眼的圖片，被抽換掉竟然能夠順利判讀？因為我們大腦其實更擅長以整體圖像的方式接收資訊。

文字存在於人類社會不過幾千年的時間，普及的時間更只有幾十年到數百年。也就是說，多數人類其實不擅長判讀文字，也不曾受過判讀方法的訓練，而是素樸的使用自己已知的字彙與文法規則進行閱讀，因此，無論是速讀還是判讀資訊的理解能力都有待提升。

相反的，人類處理影像資訊的能力則經過數十萬年的漫長鍛練，因此有了一套縝密的記憶技巧，可以快速的記住大量資訊卻不會遺忘，雖然我們仍然不太清楚此套規則運作的原理，但人體內的ＤＮＡ已經內建處理方法。

坊間的速讀課程或是照相式讀書法，就是利用大腦的影像式判讀資訊原理，訓練大腦無視文章本身的線性呈現規則（也就是串接字彙的文法），將文字資訊視為圖像來辨識。

說起來我們多數人或多或少都已經會了使用技巧。

好比說，心智圖。

不少人會將所讀過的書籍文章重點，以心智圖的方法整理記錄下來。之後不需要重讀文章或書本，只要看自己整理的心智圖就能回想起重點。

心智圖就是讓文字盡可能接近圖像的一種筆記整理工具，而關鍵就是拿掉了大部分的文法，只保留關鍵字詞概念。

也就是說，人類在閱讀時，不需要文法也可以抓得出重點。

速讀也是利用此一技巧，訓練讀者在閱讀時以抓取關鍵字為重點，文法片語等串接知識概念的東西，盡可能略過不讀。

實際上，文法不讀也可以，特別是我們已經熟知的文法規則，因為我們的大腦是以關鍵字的方式儲存資訊，大腦中的每一個腦神經元儲存一個資訊概念，腦中的想法在構成時，是大腦的神經元們開始進行自由聯想，除非我們要寫成文章向其他人訴說自己的想法見解，否則，即便沒有文法規則將腦中想法串接成線性敘述，我們自己還是能夠「理解」正在思考的事情。

附帶一說，這也是為什麼經常會發生自己在腦中思考覺得很清楚，但想要變成文字寫成文章卻容易卡關的情況，因為寫成文章需要調動來串接字詞的文法規則相當龐雜，且要能自由靈活使用也是需要經過一番鍛練（這部分屬於寫作領域，在此不多談）。

總而言之，只要記住，當我們透過眼睛擷取外面世界的文字訊息時，是以字詞為基本單位進行抽取，且可以忽視文章呈現的次序與文法規則，直接抽取出我們覺得的重點，這些重點進入大腦後，會自行編排儲存方式，而大腦儲存方式與文章完全不同。

速讀鍛練的是廢止順時性閱讀，解放大腦原本接收資訊的能力，以**共時性**、**畫面式**、**影像式**的方式擷取資訊。這也是為何古人會說讀書讀得快的人「一目十行」，其真正的意思是，練就速讀能力的人是以十行構成的一個畫面感，以眼睛如攝影般的方式將十行中的重點同步抽取出來，跟大腦所形成的模型假設做對照，然後進行判讀與儲存。

上述原理解說或許您看了覺得很費解，沒關係，這部分的原理不用搞懂也可以，只要記得大腦本身並不被線性的，或者說順時性的文字閱讀順序所制約，以及如何鍛鍊速讀的方法就好。

Z字形掃讀法：日常生活的抓重點技巧

方才我們有提到，文章的構成是字詞加上文法，我自己將這個觀念轉化成一個公式如下：

句子＝關鍵字＋程式（文法／片語／邏輯規則）

訓練速讀的時候，盡可能忽視方程式的部分，只抓關鍵字就好。因為方程式的部分，是閱讀當下的你會就會，不會的話再怎麼慢讀或推敲也很難搞懂的部分。

關於方程式的掌握，應該透過專門講授文法或邏輯推理的書籍學習，每一次的閱讀都是實戰應用，速讀更是，不能讓我們停下來記憶或拆解方程式規則。

至於關鍵字的抽取部分，請改換以和製漢字的複合漢字觀念當作基本抽取單位，也就是以概念／觀念／人名／地名……為抽取資訊的閱讀單位，捨棄傳統的中文漢字。

經過如此轉換後，假設一本書一行有十七個中文漢字，約莫五到七個關鍵字（複合漢字）加上文法。

我們在使用速讀方法提取資訊時，只要將重點抓出這五到七個關鍵字即可。

然而，除了極少數的文章外，多數文章中出現的字詞並不是每一個都是重點，文章的關鍵字會與文章本身設定要解決的問題和答案呈現正相關，越是高度相關的字詞才是我們需要抽取的關鍵字，其他的可以視為非關鍵字（捨棄也無妨）。

也就是說，一行文字裡真正重要的關鍵字，可能約莫只有一半甚至一半不到，每一行只有兩到三個關鍵字，這些才是我們閱讀時要抽取記住的部分。

接著，每一行文字必然可以區分成前中後三個區塊。

因此，我們剛開始鍛練Z字形掃讀法的時候，可以將文章的每一行切分成前中後三區（前期先稍微擴大文字進入大腦的接收範圍，但也不要貿然擴張太大，要循序漸進），假設前中後各自出現一個重要關鍵字，那麼一行就等於只需要抽取三個字，如果整行都沒有重點只是鋪陳式的敘述，那就快速的瀏覽過，不停留。

慢慢的，我們在以實際書籍進行速讀鍛練時，會出現Z字形，因為我們將眼睛焦點放在文章的中間時，可利用眼角餘光判讀前後兩個區塊是否有關鍵字？若有就抽取，若沒有就快速跳過。

此外，當我們開始將文章中的句子改以關鍵字＋方程式來理解時，閱讀時將會更聚焦於關鍵字的搜尋與抽取，速度將會有效提升。

日常生活閱讀中，快速抓重點只要有效使用Z字形掃讀法就夠了，但也不要怕漏抓關鍵字，一開始練習可能會有遺漏，但我們還可以回來反覆練習同一段落的掃讀，也可以用慢讀或精讀來確認自己掃讀抓取關鍵字的結果。

至於反覆練習的方法，我建議找一個段落（好比說一章或一個小節的文字份量），連續練習一百次。

或許練到後面你會發現文章內容自己都會背了，其實，這裡面暗藏了快速閱讀與記憶知識的技巧。

讀書的快，有時候是因為我們對所讀的知識本身已然嫻熟，只是對於新的表述手法的文本感到陌生。

就像我自己讀過大量的讀書方法作品，因此再讀這類型作品的新書時總是能讀得比其他書更快，因為我已經具備該主題領域大部分的知識，只是不熟悉眼前這本書排列組合該主題知識的手法而已，當閱讀只是單純辨認文字呈現手法而不需深入理解文章本身的意涵時，閱讀速度可以提升很多。

實際上進行閱讀時，若已知的知識越多，就算是新的文本也能夠輕鬆快速的讀完，因為我們的已知越多時，代表大腦理解未知知識的能力越強（人的大腦理解新知識時也是根據上下文的已知去推敲未知，只是此時我們的已知上下文是腦中既有的知識庫，而非文章本身的敘述脈絡）。

每次閱讀時，我們的大腦已經快速的對此一作品有了自己預先的判斷與模型假設，實際的閱讀只是在判斷我們腦中模型假設是否正確？是否作者有別出心裁的表達？是否有些地方的資訊需要修正？

至於文字抽取之後如何整理與記憶，那是關於「筆記術」與「記憶學」的學問，這裡單純先介紹如何快速從文章中抽取出必要資訊。

快速抓重點，強化記憶留存的閱讀步驟

書讀了卻記不住重點，是不少人的困擾，甚至有人因此放棄再閱讀，覺得反正讀了都會忘，幹嘛浪費時間？

雖說遺忘其實是必要的美德，也有腦科學的根據（當大腦判斷我們不需要使用某種資訊時，就會幫我們經由遺忘處理掉），不過，的確有些方法可以在不背誦的情況下，輔助我們強化記憶，關鍵就在於：調整閱讀流程，採用有助留住知識的讀書方法。

強化記憶留存的讀書方法有五個步驟：

第一、想一想，為什麼自己要讀手上這本書（或學習某個主題領域）？想在這本書中讀出什麼？自己對這本書的想像為何？

根據自己發想的問題，搭配書籍的基本資料（文案或章節目錄），進行猜想，手上這本書可能會是講述哪方面的主題與重點？然後記住自己猜測的關鍵字。

第二、快速將書從頭到尾翻一遍，找出跟自己想到的關鍵字相關的區塊，抓出覺得跟自己想像相關的部分，這些區塊很有可能就是我們之後閱讀時所要擷取並記憶的重點。

第三、仔細重讀，正式開始閱讀，帶著問題意識的閱讀，用自己的問題跟猜想的答案，與手上的書對照。

若是碰到跟自己想的一樣，自然就會記住，此時，作者用來證明其觀點為正確的論證部分，可讀可不讀。

若是碰到不一樣的地方，則花點時間看一下作者是怎麼證明出自己的答案？透過檢驗論證，回頭檢視自己的猜想。無論最後是否認同作者提出的見解，這個思考過程都會強化你記住那些原先沒想到或跟原先想像不同的部分。

此外，在這個步驟，我建議同步撰寫整理筆記，將你認為的重點，根據問題－答案－論證，各自紀錄。

整理書籍重點時，要判斷哪些文字需要逐字照抄，哪些只需要概要整理。我的建議是，「作者的提問」與「答案中的關鍵重點」，不妨花點心思抄錄下來，至於論證的部分，則練習用自己的話簡單扼要地歸納出重點，並且記得，整理書籍重點時都標上章節與頁碼，方便日後查找。

第四、閱讀過程中碰到自己讀一遍後不能馬上理解，或覺得卡關、試著整理成筆記卻寫得不順暢的地方，可以試著跟其他人聊聊或詢問前輩，把不懂的地方搞懂。

最後，如果你覺得都已經讀完且基本能搞懂，那麼，試著寫成一篇文章跟大家分享一下全書重點，或是試著在生活中找出一兩個可以應用書中知識的問題或場景，實際用用看；或者跟其他人分享你讀到的重點精華與啟發（以教為學法）。

小孩子學語言就是透過反覆練習、不怕犯錯，快速掌握住一個語言的必要字彙與文法規則，所以你會發現，小孩在成長過程中的某段時間常講錯話，或是說出一些我們認為不雅或不正確觀點的文辭，那是因為道德觀念尚未發展完成的孩子，正嘗試將所學到的字彙套到自己已知的文法規則試用所造成的現象。

許多人長大以後，因為面子或其他原因，不再像孩子那樣無畏的練習使用所學，讀書只是很快地讀過，不想前因也不考慮後果，不找實戰練習方法，只是讀，知識在腦中找不到落腳地，甚至也不反覆背誦或回想所學，難怪記住知識的能力比學生時代還要退化，這並不是因為我們年紀大了腦力記憶力退化，而是因為我們不再將知識有效輸入大腦。

要過目不忘，得先讓知識與我們的人生問題產生關聯，一旦我們知道每個知識背後的目的與用途，那麼當知識輸入大腦的當下，便會很快和大腦中其它已知知識建立關聯，嫁接在腦中的既有知識架構中，就不容易忘了。

當然，前提是我們腦中已有知識架構，若全然空白，需要記憶的基礎知識量還是得花一點時間背誦。我不反對背誦，但我們應該用更有系統的方法縮短背誦時間並減少背誦量。

以我自己為例，當我閱讀市面上的讀書方法作品時，是以我腦中對於閱讀文章的理論架構作為對照工具，發現雙方一致的地方自然不需要再記憶，因為那是我本來就已經記住的東西，只是我們存放的位置可能因為彼此系統規畫不同而已。若是閱讀時碰到嶄新的未知概念，我會根據作者的解說，掌握這個概念的定義與用法，接著在我自己的閱讀系統架構中，尋找適合存放這個新概念的位置，想一想有哪些我已知的既有概念可以和這個新概念串接成一組新的知識組塊？當我找到後，也就藉由系統架構之力，輕鬆記憶而不需背誦。

好比「建議孩童不只讀童書，也可以讀圖鑑」，「最好也讀圖鑑」這個概念源自我讀一本腦科學著作得來的啟發，聯想到「讓孩子讀圖鑑」可以跟我讀書方法的系統架構中，「讀童書」的部分互相串接，從此我不只推薦孩子讀童書，也會一併推薦他們讀圖鑑。當我將新知識順利串接到既有的系統架構，就自然地牢牢掌握住，不用反覆背誦也不會忘。

這也就是為什麼當你掌握的系統性資訊越多，理解能力就越強，記憶也越好的緣故。當你可以將新知與既有資訊聯結，就能迅速找到新資訊的位置，並透過比較的方式，逼出這個新資訊可能的意義。

背誦或理解都是促進記憶的方法。背誦可透過專門的記憶術提升記憶力，理解則是靠故事法則，將知識編組成一套聽過就不會忘的故事。不過要我說，最好的記憶所學方法，是實踐應用，大量的反覆使用，並在使用過程中確認這些知識在自己知識系統中的位置，確定下來，內化成人生的一部分。

【關鍵字讀書法】

相信讀這本書或是讀過我的寫作方法論的朋友不難發現，無論讀書還是寫作，我都很重視「關鍵字」，因為，文章的基礎是字詞，字詞沒有掌握好，往上開展容易碰上瓶頸，無論閱讀還是寫作都一樣。

啟發我想出「關鍵字」與「閱讀」的關聯性的人，是文化研究領域的權威，雷蒙·威廉斯（Raymond Williams，一九二一－一九八八）。

威廉斯出生於英國工人階級家庭。高中畢業後獲獎學金，入劍橋大學三一學院攻讀文學。後因二次大戰徵召入伍，中斷學業。一九四五年戰爭結束重返劍橋，完成學業。

威廉斯一生關心文化與社會議題，投身研究。主要著作有《文化與社會》、《漫長的革命》、《電視》、《鄉村與城市》、《馬克思主義文學批評》等，是英國文化思想大家，精通文藝批評，是文化研究的奠基者，更是英國傳播研究的啟蒙師。其中《關鍵字》一書更是對日後西方文化研究的開展影響深遠。

◎威廉斯的《關鍵字》

威廉斯編寫的《關鍵字》，並非辭典，他在書中談到此書的主要目的：

我所做的，不只是收集例子、查閱或訂正特殊的用法，而且是竭盡所能的去分析存在於詞彙內部之間——不管是單一的詞或是一組習慣用語——的爭議問題。

我稱上述這些詞為關鍵詞，有兩種相關的意涵：一方面，在某些情境和詮釋裡，它們是重要且相關的詞。另一方面，在某些思想領域，它們是意義深遠而且具指示性的詞。它們的某些用法與了解「文化」、「社會」的方法息息相關。

對我而言，某些其他的用法，在同樣的一般領域裡，引發了爭議與問題。而這些爭議與問題，是我們每個人必須去察覺，對一連串的辭彙下註解，並且分析某些詞彙形塑的過程，是構成生動、活潑的語彙的基本要素。

在文化、社會意涵形成領域裡，這是一種紀錄質詢、探討與呈現字義問題的方法。

透過關鍵字的整理，可以幫助讀者了解關鍵字的轉變歷程、複雜性與不同用法，以及創新、過時、限定、延伸、重複轉移等過程。

舉例來說，一些看似再平常不過的詞彙，特別是流行語，二三十年後就已因為過時、落伍或轉變而消失，甚者擁有其他意涵。例如網路崛起衍生的火星文，是許多不上網人士所不懂的詞語。然而，若是不能了解這些網路火星文的「關鍵字」，將讀不懂許多網路文章（文章的好壞姑且不論）。

「火星文」或者某些我們習以為常的用語，其實是透過「約定俗成」的力量，先在某些小團體裡發展，慢慢延伸茁壯，然後擴展蔓延，進而流行普及。例如「台客」、「瞎」這些流行語都是關鍵字。搞懂這些關鍵字，是溝通的重要關鍵。

威廉斯的《關鍵詞》，主要意義在於：找出字詞與字詞間的「關聯性」。例如「瞎」與「周杰倫」的關係。字與字之間的關係以及變異用法，將字詞出現的時機和語言情境、脈絡串在一起。尋構各知識領域間的相互關聯性。例如，搞懂什麼時候才能用「瞎」？

將過去的各種用法和新近的用法並列。例如條列「瞎」在過去和現在的用法。若在一篇文章中讀到「瞎」字，必須根據上下文、發言人、文章主旨等資訊，判斷「瞎」字的可能意涵歸屬。藉由對普遍用字的省思，分析各社會生活的關聯性，辨識專門語彙語普通語的相關性。透過「瞎」的使用，了解青少年語言的特質。

◎關鍵詞讀書法的具體運用之道

那麼，關鍵詞讀書法又該怎麼操作？

第一、建立屬於自己的「關鍵詞」資料庫

像前面舉例的火星文，如果想要掌握火星文的使用方法，首先得蒐羅關於火星文的關鍵字群組，還有真實使用案例，這是最基本的「關鍵字」資料庫建構法。進行閱讀時，應該把所有你認為重要、不懂的「關鍵字」條列出來，查找出定義，寫上解釋與案例，編寫一本屬於自己的「關鍵字」手冊。另外，可再按照常用性、文法、詞性等原則，分類出一冊冊的關鍵詞。

若要準備考試，更是如此，針對國文、歷史、地理等科目，透過編寫關鍵詞字群，把自己難以理解、老是記不清楚的人名、成語、概念、學說，編寫一份完整的關鍵字清單，附上詳細的說明，方便學習。至於數學理化生物等科，可以編寫公式表，詳錄公式使用時機和方法。

編寫關鍵字資料庫的用意，在於熟悉這些陌生的關鍵字。下次再遇到就算還是想不起來，也可以馬上翻查自己的資料庫。若是只用坊間的字辭典，不但麻煩費時，難以查找，還會有許多冗雜而未必為我們所需的資訊。

第二、「關鍵字」與學科知識

「關鍵字」通常是一門學科的核心概念，也可能是你困惑難解的某些字詞。盡可能掌握關鍵字的好處是，幫助你濃縮凝煉想法，把原本可能要二三十個字的解釋的概念，濃縮在一個小單字裡面。因此，編寫上述的資料庫，有助於我們對「關鍵字與學科知識的掌握」。

然而，有些關鍵詞因為語意模糊，弄得不清不楚。例如「文化」這個詞，雖然好像很熟悉，人人都在用，但到底是什麼意思?要你給出一個明確的定義，想必也會啞口無言，突然語塞。

關鍵字的特色是，人人都能琅琅上口的使用，但卻難以精確定義。但是，我們還是要想辦法了解關鍵字的可能定義與使用規則。除了藉由資料庫編寫，還可透過解讀上下文脈絡和文章主旨，判斷出某段文字裡這個關鍵字的角色定義來輔助。

關鍵字亦可提綱挈領。當你讀到一篇新文章或一本新書，可以先快速瀏覽一次，找出你認為該篇文章中作者要敘述的核心概念。並且在文章中，圈選出幾個足以代表作者核心概念的關鍵字。判斷這些關鍵字的內在關聯，以此作為閱讀時的綱領，有助快速而精準的掌握文章或書籍的核心，不致誤讀或錯讀。

關鍵字閱讀法威力強大，當一個人建構起屬於自己的關鍵字資料庫，透過關鍵字串聯組合，將可更有效率的理解文章或書籍真正的意涵。

輯三

句子

句子的構成元素（關鍵字＋方程式）、層次與功能（效益）

這篇談句子的構成元素、層次與效用。

本篇的圖表是我多年閱讀各種學門知識後，某天突然福至心靈想到的，整體雖無學術理論，但其中每一格背後都有一些學理依據。

這個圖表包含構成句子的元素，也就是〔關鍵字＋方程式〕，每個句子基本上都有三種〔關鍵字＋方程式〕，我認為要真正讀懂句子到底在說什麼，必須同時解讀出這三種層次及其背後的效用（所謂的「效用」，指的是句子的功能、待解讀出的意義）。雖然只讀出一層還是能夠勉強掌握意涵，但不夠完整，且易被誤導。

理解句子的第一層次：修辭＋文法↓美學

第一層是我們最早開始系統化學習理解的句子的構成。

	語言教育	科學教育	人文教育	
關鍵字	修辭	概念	符號	句子
方程式	文法	邏輯	符號學	
效　用	美學	真偽（科學）	善惡（倫理學）	

在國民義務教育中的語言課程，老師會透過語言課本讓我們掌握字詞的意涵。由於臺灣的語言課程多以中國或臺灣文學作為範文，而文學的文字使用特色是虛實交錯等修辭運用，因此我們首先學到的是文學意義的句子，學習重點偏重美學，也就是判斷一個句子用得好不好、漂不漂亮。

在這個階段，考試多半只會問我們某些字詞的象徵意涵或指涉、作者的意圖，或是文字與文法的規則修辭屬性。作文課上，批改的標準通常也放在文字修辭使用的熟練度，而非文章的觀點立論是否符合邏輯或條理分明。

雖然課本中也會選一些議論文，但是比重很低，且多半是中國文學史中的議論文，修辭仍然強過邏輯，也罕能深入學習整套邏輯思考與表達技巧，因此這些課文比較屬於裝飾性質，實質學習第二層句子的意義不大。

理解句子的第二層次：判斷訊息的真偽→邏輯學

句子的第二層意義，負責承擔的功能是判斷訊息的真假。

以下舉例說明第一種和第二種層次在閱讀理解上的差異。

「中華文化有五千年歷史。」

這樣一句話，只受過第一層語言課本訓練的國民，只會用修辭與文法作為判斷句子的標準，只要修辭與文法沒錯，就會接受這個句子，不會深入思考更多。

然而，受過第二層判讀訓練的國民，讀到這樣一句話時，腦中就會出現提醒，他會試著找尋能夠「證明」這句話「為真」的證據。

可以說，第二層次就是從邏輯學理解句子。

一般文章常見的組成句子有三種：**問句**、**論點**與**論證**。

首先是問句，也就是這篇文章的作者想要解決的問題，會以密集的提問方式呈現。問句不難判讀，帶有問號的句子都算。

接下來，則是根據問題提出作者的論點，所謂的論點，又稱作假設、主張、主觀意見、價值判斷，或是答案。

「中華文化有五千年歷史」從邏輯上來看，是論點型的句子，說出了一個答案，但要使答案成真，還必須搭配足夠的證據。

通常論點型的句子出現之後，會接著證明，也就是說明論點為真的論證。此時在論點句子後，會跟著出現連接詞（像是、因為、所以、由於……），連接詞後至結論前的句子，就是論證。

論證通常是構成段落書寫的核心，必須遵守邏輯，不能出現邏輯謬誤。論證型句子大多以統計數字、科學理論、新聞報導、歷史故事、個人經驗、邏輯推論（較罕見，一般會出現在所謂的人文類圖書，已經稍微有閱讀難度）等手法呈現。

在邏輯上，作為論證的句子，必須是事實陳述類型的句子。所謂的事實陳述是「不需要再經過解釋或證明，誰來看都能看出同樣的意思」，甚至具有不證自明性。舉幾個例子：「法國是二〇一八年世界盃足球賽冠軍」、「鯨魚是世界上最大型的哺乳類動物」、「今天氣溫攝氏二十八度」，都屬於事實陳述，可以用作論證。

回到一開始的例子「中華文化有五千年歷史」，如果文章中出現這句話，通常是被用來否證的，因為這句話深植許多人心，但在學術研究上並不成立，因為除了中國帝王史學或神話以外的證據，好比說考古證據，都只能證明中華文化只有三千七百多年歷史，史書上的夏代甚至夏代以前的紀錄都找不到實際證據，只能歸為神話，神話並非歷史，因此，嚴格來說，「中華文化只有三千七百多年」。

為什麼我要挑這句話當例子來解釋句子的構成與效用？因為這句話對許多人來說耳熟能詳、不證自明，甚至是不可動搖的事實。然而，有想過這樣的印象是從何而來嗎？通常不太會是家庭教育，比較多是學校課本或媒體，那麼，為什麼早已在科學上被否證的觀點卻仍持續深入人心？

在我看來，唯一合理的解釋就是我們社會過去不教授國民以邏輯或是科學檢驗方法判讀文章，僅著重美學效用的修辭性語言學習。

從邏輯層次解讀句，首要「辨真偽」，也就是句子前後是否提供充足的科學或事實證據證明其為真，而不能單純只看文句本身的修辭或文法是否符合規則。

學會從邏輯意義判讀，可避免被一些漂亮修辭卻經不起檢驗的文案型文句誤導，做出錯誤判斷。要知道，廣告與行銷領域的專家可是在這方面下足了工夫研究，就是為了幫助案主賺走我們口袋中的寶貴金錢。如果只是錢財被賺走還是小事，生活中有些特定團體還會透過無邏輯、無根據，只能煽動情緒的漂亮修辭，引導人們往他們想要的方向（俗稱帶風向）。

理解句子的第三層次：符號背後的象徵意涵→倫理學

句子的第三層意義是符號與符號學。

符號學是一門很新的學科，但在戲劇電影、文學廣告的文本建構解讀上卻影響很深。幾乎高明的廣告人或者劇作家都擅長使用符號，從中帶出想要傳遞的訊息。

符號學擅長以符號的部分意涵代替整體。例如，我們在廣告中看到巴黎或象徵巴黎的事物（如艾菲爾鐵塔）時，這個影像拍攝者其實是借用我們多數人對於巴黎的印象（好比浪漫），如果創作者說這是一個關於巴黎的故事，很可能它就是一個關於浪漫的故事。

當然，巴黎的象徵意義不只有浪漫，奢華品牌、自由平等博愛、革命等等，都是巴黎的象徵符號意涵。因此要判斷創作者到底是借用巴黎這個符號的哪一部分意涵，得留心影像中其他出現的符號，如果其他出現的符號也大多跟浪漫有關，那麼就是講述浪漫；如果大多和革命有關，那就是在借用法國大革命的象徵意涵。

或許你會說，這很重要嗎？

當然很重要，因為一個句子或一篇文章的真正意涵，取決於每個符號背後的象徵意義串聯後的解讀。

也就是說，符號學不解讀句子表面的修辭或概念意義，而是解讀象徵意義；以符號的角度解讀文章，看的是所有象徵意義的串接結果。

例如下面這句話：

> 007穿了一套**亞曼尼的黑色的三件式西裝**，在**戴高樂機場的酒吧**，點了一杯**波本威士忌**，此時，龐德的**iPhoneX**響了，當他正準備伸手到西裝口袋取出**iPhoneX**時……

如果將標示粗黑的部分做更動，雖然還是一個特務在機場酒吧點酒時，身上的手機響了，但讀起來的感受卻大不相同：

湯川教授穿了一件白色教授袍，在沖繩那霸機場的酒吧，點了一杯沙瓦，此時，湯川的小米手機響了，當他正準備伸手到教授袍口袋取出手機時……

兩句話之所以產生閱讀感受上的落差，是因為借用的符號背後的象徵意涵不同。

第三種層次的閱讀效用，通常是倫理學意義的。通俗一點的說法是，我們看戲劇故事通常會結局是好人（善的力量）得勝，壞人受到懲罰，或者說，我們通常比較希望代表良善一方的符號能夠勝過代表邪惡的一方，這是符號學意涵的效用。

而如果最後的勝利必須讓好人犧牲，會產生一種昇華的悲傷，像是《駭客任務》最後一集中，男主角為了解救人類與機器世界而犧牲自已的生命，雖然（我們閱讀者認可的）正義還是獲得勝利，但仍不免令人感傷（此外，這個橋段明顯借用《聖經》耶穌死在十字架上的概念，這也是符號學常見的一種手法，挪用其他既成作品部分橋段的象徵意涵）。

以上簡單的介紹了構成句子的三種層次以及各自的效用，未來理解文章時，不妨多從這三個層次推敲判斷，相信能讀出過往未曾留意之處，讓文本解讀變得更加精彩豐富。

【大江健三郎的抄背式讀書法】

大江健三郎，日本知名作家，曾獲一九九四年諾貝爾文學獎，文體十分放肆，咄咄逼人，以批評見長，是標準自由派，對於批判日本社會各種不合理現象用力實深。

大江認為，無論國語還是外語，理科或算數、體操或音樂也罷，這些學科都是為了充分了解自己與他人聯繫的工具，因此人要努力學好這些工具，這也是孩子為什麼都應該上學的原因。

因為這個緣故，大江從小熱心閱讀，想知道教科書或老師上課時引用的句子從哪裡來，腦袋裡也裝滿了一大堆等待解決的問題，但窮苦出身的大江沒有錢買書，村裡也沒有圖書館，於是，趁著戰時避難借住大戶人家，大江自己發明了一套默背抄書式學習研究方法，並且終身奉行不懈。

一旦在教科書上碰到自己想深入了解的文章，大江就把刊在教科書上的部分原封不動的背下來，然後再推想文章在原文中的位置，接著去翻書，找出原文，抄寫在自己準備的紙上。

透過查找、抄刻與背誦所學到的文章，想要忘記都很難。直到大江長大後，或在其它書上讀到相關文句時，童年時抄背的文章便會湧上心頭。甚至當親友提到他抄背過的某些文句時，大江竟能流暢的把前後文默背出來，屢屢讓人驚訝。

大江認為，一般人認為古文（或我們所說的文言文）很難讀懂，所以學習時必須翻譯成白話文，碰到閱讀時不懂或翻不出來的地方，就註記在旁，想著總有一天應該會了解吧，便先繞過去；唐諾也說過，讀書碰到無法理解的地方，最好的方法就是放著，有些問題的解決需要時間和生命經歷，不用刻意求解，時間就是解開疑惑最好的老師。

大江認為抄寫原文或默背原文非常有助於閱讀和理解，而且對他來說，閱讀書寫和抄書並不辛苦，反而引以為樂，於是自然而然的養成了抄寫喜歡的書的習慣，只要閱讀時碰到有趣或值得記憶的東西，就會把文章先抄下來，再背起來。碰到不懂的部分（例如外國人名、地名、專有名詞）則去查書找資料。久而久之，便能把不同書中的內容串連起來，或者從手上正在讀的書，推敲出下一本該讀的書，有系統的擴大閱讀視野，累積相關領域的知識，應用到自己的寫作工作與學習。

例如自己正在讀與教育有關的文章，然後剛好有單位邀請他針對這議題做個演講或寫篇文章，大江便會從自己手上正在讀的文章出發，找與自己的演講寫作有關的部分，一併找出手上這篇文章的引用文獻，再找來讀。也就是說，從手中既有的資料作為發想問題的基礎，然後不斷援引尋找相關論點，擴充知識。

大江說這固然是年幼貧窮，買書困難，但最重要的是他從抄書獲得了樂趣。大江透過「在紙上不斷的寫，藉以把它正確無誤的記住」來學習，因為記錯比不記更可惡，而且他對於能夠牢牢記住文章內容，並且幽默的引用在日常生活中的人十分佩服，於是終其一生，始終在抄書背書上下工夫，這種讀書方法看似不怎麼快樂或享受，但卻十分扎實，養成了大江健三郎厚實的文學造詣，成就其文學創作。

不過大江說，自己之所以能夠堅持這套學習方法近五十年還持續著，是因為自己真心喜歡閱讀，當然過程中也會適時修正一些缺點。然而，大江認為，這套學習方法之所以能夠成功，是因為出於自願且能夠持續。大凡做任何事情要能有所成，都得是出於自己甘心樂意，並且專心持續才有辦法吧。大江健三郎以自創的抄背式學習研究法積累而能成一家之言，也是如此。

古代中國人其實也是如此，私塾裡的老師總要求學生先背，不要管懂不懂書裡的意思，先背再說，背得滾瓜爛熟，最後便能心領神會。越來越多研究指出這套讀書方法的科學性（過去往往被視為落後），因為背書能夠幫助學生內化文字之間的鋪陳、組織與應用方式，當學生習慣了文字的使用方式，用身體掌握其節奏韻律格式之後，再回頭講解，便可以快速進入，無入而不自得了。背經抄寫或者大江健三郎自創的這套抄背式學習研究法，應有值得學習之處。

輯四

段落

段落的構成元素與功能（效用），以及不漏重點的略讀秘訣

介紹完關鍵字與句子的構成與效用，接下來要談段落的構成元素與效用。

只要掌握段落的構成元素與效用，即使不會速讀技巧也能快速閱讀。這是因為段落是構成一篇文章或一本書大部分內容之所在，其中往往包括一些略過不讀也不影響文意理解的部分。

無論是一篇文章還是一本書，構成的主要三元素無非「問題」、「答案（論點）」與「論證」。

「論證」是作者闡述其論點為真的部分，佔據段落的絕大多數。一般大眾書的作者會以故事來鋪陳證明（只有寫給學術同儕的作品會透過複雜的哲學或邏輯論證、研究中的細節推敲以作論證）。

西方歐美國家所謂的非虛構類作品，就是以講述故事的方法，建立作者所提答案的證明，好比說《魔球》、《快閃大對決》等暢銷書的作者麥可路易士、《決斷兩秒間》的作者

葛拉威爾，都是擅長將科學研究結合個案，編寫成故事敘述，以作為該書問題解答的證明。

這些論證，無論是個人故事還是歷史故事，無論是統計數字還是科學研究結果的白話文版（通常是上述各種敘述類型混合使用），如果你已經讀過或是覺得作者值得信任，不想讀，通通可以跳過。

如果是一篇文章，那麼只讀開頭作者所提出的問題跟答案，接著檢視每一個段落的首尾句，最後再讀結論，大致上就能掌握該篇文章三元素——「問題」「答案」與「證明」——之精華。

如果是書，只要閱讀文案、目錄、前言、序、第一章與結論章節，通常作者就會告訴你這本書的問題、答案與證明，甚至證明答案的手法和注意事項也會一併告知；若仍無法理解，最多就是加讀第二章，有些比較厚重的作品，作者會將該議題過往的重要答案（論點）花點篇幅整理成一章，告訴讀者這個問題的來龍去脈。

只是要知道答案或是書籍重點的話，讀這些地方就夠了，其他的都可以略過不讀，或是快速以抓取關鍵字的方法瀏覽過去，碰到自己有興趣的部分再停下來讀即可。

另外還有一種情況，也會讓你不自覺的快速跳過段落裡的大部分證明文字不讀，那就是你的大腦擁有相關領域的厚實資料庫，過去你在基礎閱讀時好好的鍛鍊了自己，累積了許多基本人文歷史素養，因此，當你在讀一本新書時，書裡所引用來證明作者答案為真的故事或研究，你以前就都讀過了。

好比說，心理學研究方面有幾個重要的實驗，例如巴普洛夫的狗、路西法效應、棉花糖實驗等等，經常被很多書籍反覆引用。當你過去已經讀過，又在一本新書中邂逅時，自然可以跳過不讀，因為你知道，作者正在引用此一故事證明其所提出的論點。

當一個人讀書讀到經常在段落證明的部分碰到自己過去在其他書中讀過的資訊時，除了可以讀得更快，還可以開啟另外一個功能，那就是檢視作者的論證是否合理？論證與答案的搭配是否合宜？是否有疏漏或邏輯不通的地方？

如果讀一本書，書裡的證明段落全都沒有讀過，那麼只怕光是消化這些論證與論點之間的關聯性，光是記住新知識就已經大傷腦筋，很難再有進一步批判性閱讀的產出。

不少朋友說，讀書讀到一半會想睡覺，在我看來，很可能是書裡的新知識太多，進行記憶與理解相當耗腦，所以讀一讀就累了，不自覺犯睏。

附帶一提，讀書如果讀到犯睏，可以適度吃一點水果補充腦葡萄糖，或是起來走走運動運動，切換大腦的使用區塊，甚至直接稍微睡個十五分鐘讓大腦休息一下，就是不要繼續勉強自己撐下去，那樣效果很差，因為那時大腦已經沒有繼續分析資訊的能量了。

輯五

文章—書籍

掌握文章與書籍的構成元素與效用，抓重點與閱讀都能事半功倍

有人問，讀書跟上課有什麼不一樣？

過去我認為沒有太大不同，甚至認為是自己讀書讀不懂的人才需要上課，透過老師的講解與引導而掌握知識。

後來更深入推敲後，我有了新的見解：書籍有其特殊的構成結構，與課程不盡相同，各有擅長，兩者的關係應是相輔相成，而非我過去理解的互為取代（讀不懂書才去上課）。

前一篇我們已稍微談到書籍構成的三大元素：問題、答案與論證，本篇將更深入拆解，介紹三大元素的細節與功效，以便讀者理解一本書該怎麼拆讀出重點。

一、問題的解說與呈現

每一本書的作者，都有想要解決的問題，這個問題又可以再細分成幾個不同的情況。

那就是該領域過去對此問題的理解，也就是相關主題的所有問題集合，還有作者自己所重視的點。

舉個例子，社會學家涂爾幹寫了一本《自殺論》，探討自殺的議題。涂爾幹這本自殺論的特別之處在於，有別於過往學者，他不從個別具體個人自殺的原因著手，而是從社會整體的結構性成因進行探討。

就一本書的問題構成來看，涂爾幹的《自殺論》或是任何一本談自殺的書，都必須包含「自殺」這個主題所曾經提出的重要問題（當然還有相關的答案與論證），還有作者本身在這些問題基礎上開展出的自己的問題。

也就是說，在問題的部分，我們要讀出兩個東西：一是既有主題的問題集合，二是作者想解決的問題。前者我稱之為該主題的核心問題，後者我稱之為作者的問題意識。

另外，書籍不能沒頭沒腦的突然提出問題，還必須帶出問題的解釋或說明，這部分通常會以個案或統計數字來「描述問題現狀」。

同時對於這個現狀，社會上常見的觀點或答案是什麼？也必須交代。有時這些答案是有待作者或作者所隸屬的學術社群所駁斥的「錯誤認知」，而有時作者要駁斥的「錯誤認知」就是過往自己隸屬的學科社群所提出的見解。

以涂爾幹的《自殺論》為例，他會介紹很多國家的自殺統計數字作為現狀描述，以此帶出過往光從心理成因探討自殺問題的不足或錯誤之處。

也就是說，現狀描述、主題學科的核心問題、錯誤認知還有作者的問題意識，是一本書的「問題」部分必須交代的四個重點。

二、答案的提出與理論的建構與生成

作者交代完問題的歷史脈絡，提出自己的獨特問題意識後，接下來就要提出自己的答案（論點），並證明自己的答案為真（論證）。

答案當然不是作者憑空想像，也要有所根據，而這個根據可能來自從前人知識經驗中抽絲剝繭找到的新見解（文獻回顧探討法），或是自己實驗研究得出的新證據。

但無論如何，作者提出答案時，必須一併告訴讀者，他的答案是怎麼來的？也就是他的研究方法。有研究方法，才有答案，也才有最後的論證。

一般而言，問題的答案通常不會只有一個，一個問題通常會被分拆成好幾個小問題，各自都有自己的小答案，這些答案的組合，才是這本書的獨特之處，也是一本書的價值所在。

這些答案的集合，大致上會符合麥肯錫提出的MECE原則（答案之間彼此互斥，但加總起來可以完全解答問題，沒有遺漏之處），通常高明一點的解答者，會將自己的答案組合提出一個更高層次的理論命名，好比說涂爾幹就將自己找到的幾種社會成因的自殺類型歸納成他自己的「脫序理論」。

我認為多讀書比單純多讀文章的好處，就在於可以多看厲害的作者創造答案組合、分類資訊的架構能力，我們從中也可學會建立知識系統的能力。

也就是說，讀書讀到最後，我們看的是答案組合的理論架構，邏輯嚴謹的程度，而不是個別細節的論證或單一答案。

三、答案的論證，以及易被忽略的實作練習方法

論證的部分講解請參本書討論「段落的構成元素與功能」一章。

通常，作者會對答案提出原理原則的解釋或個案舉證，此外還會提出解決問題的實作方法。

好比說，從社會成因的角度如何預防自殺？

再好比說，一本教人投資理財的書除了講解投資理財的失敗原因跟正確態度之外，還會介紹培養正確態度的方法。

然而，通常這些方法在篇幅中占比不高，多半在最後的結論才提出，讀者讀到此處時通常只想趕快讀完，因而忽視了練習方法。

就算讀者沒有忽視，且真的將書中介紹的方法拿到生活中實作練習，而作者也在書裡附上執行步驟或檢驗成果的標準供讀者參考，書籍仍無法直接手把手的指導讀者，修正讀者在練習過程中出現的失誤或錯誤理解。

也就是說，書的強項是解說「問題的構成」和「答案的邏輯原理、原則」，至於必須在生活中實作的部分，書是無能為力的，這部分通常得透過課程或工作坊來協助讀者掌握。

可以說，課程強在方法的實作練習與老師的即時修正反饋。另一方面，課程因為時間有限，往往不會花太多時間講解問題的成因與答案的原理，多以生動的故事佐以笑話來引導聽講者理解，課程的重點往往是那些緊接著的實作與回饋，這也是課程能夠與書籍互為補強之處。

掌握本文介紹的書籍結構，未來閱讀時可迅速抓取書中相應重點，整理成清楚易懂的圖表，就能順利掌握一本書的核心了。

讀書真的重質不重量、慢讀比較好，貪多嚼不爛嗎？

自從我開始公開分享超快速讀書法，不時收到質疑與挑戰的聲音，反對者多半認為精讀少數經典好書比大量閱讀好，慢讀細讀比快速閱讀好，理由一言以蔽之：貪多嚼不爛。

不過我並不認為快讀與慢讀是互斥的。也就是說，並不是學會快讀，從此就不能慢讀、精讀或細讀。學會快讀的好處是有需要時可以節省時間，多了一種閱讀工具。

快讀的好處在現代社會格外重要。數位時代，資訊氾濫且生產速度奇快無比，每個人都必須大量接收、判斷資訊，快速讀書法至少可以幫助我們以簡短的時間篩選出自己必須讀而不能錯過的東西（如本科專業領域的新知），挑出不需要細讀但必須大致瀏覽過的資訊（如新聞）。

也就是說，快讀至少可幫我們節省時間成本，提升注意力，快速篩選知識與資訊。而時間和注意力正是這個時代最寶貴的成本、最稀缺的資源。

當然，您還是可以堅持只使用慢讀方法，以不變應萬變，這是每一個人的自由；但我想說的是，當社會上某些人有快速閱讀的需求時，也不應該反駁或阻擋，一如我在其他篇章中談到的，閱讀的目的並沒有優劣之分，只是彼此不同。

除了速度問題，接著我們來探討一下數量。

眼下，大量閱讀的重要性可能更勝於少量精讀，原因在於科學新知推陳出新，一個人想要讀懂這個世界究竟發生什麼事所必須具備的知識系統，要比過去多很多才行。

像是前幾年突然冒出頭的ＡＩ與大數據，背後就牽扯許多基礎科學，而且多數人過去未曾學習，但ＡＩ與大數據卻和我們的未來息息相關，如果想要讀懂這些書，勢必需要一些基礎知識支撐，否則會很辛苦，苦讀也未必能讀懂。

大量閱讀的好處是：盡可能擴充我們大腦的社會知識庫，以系統化的方式累積足以描述、解釋，乃至評論所處世界正在發生的現象或趨勢。

腦中若沒有一定的知識量，恐怕很難清楚說明世界到底發生什麼事情。幾年前臺灣發生太陽花學運，有位文學院出身的年輕朋友就說，雖然知道國家正在發生重要的事情，但是自己所擁有的知識量不足以將事情說清楚，還必須藉助其他人的解說，覺得很遺憾。

精讀派的朋友總是愛說，讀書重質不重量，好好讀懂幾本經典比什麼都重要！

我也認同經典很重要，我手邊也有一些經典長年反覆閱讀，可是，我之所以每次都能讀出新東西，是因為我從其他地方補充了更多的知識，讓我重讀經典時能抓出上次沒發現的亮點，或是將我腦中的知識與經典重新結合，產生新的火花。

腦中沒有解讀文本的知識時，就算讀再慢也讀不懂。

我常舉一個比較極端的例子：如果一個人從來沒學過德文，給他一本德文書，讓他慢慢讀，讀得再慢，假使沒有其他人或工具輔助，還是不太可能讀懂，因為腦中並沒有足以理解德文書的知識量。

腦科學有個觀點，認為每個人看見的世界都不一樣，因為每個人腦中既有的知識存量都不一樣，而我們每個人看出去的世界，都是腦中既有知識存量所建構的模型投射的結果。

舉個例子，一對男女朋友到百貨公司閒逛，女生走到賣口紅的專櫃，仔細慢慢挑選口紅，看了一會兒後，取出三支口紅問男朋友，哪一支比較好看？男生看完之後，說「這三支不是顏色都一樣嗎？哪裡有差？」女生被男生的不解風情激怒，憤而放下口紅走人。

其實，對男生來說，三支口紅很有可能看起來真的顏色都一樣，因為大部分男人腦中的顏色光譜的區分沒有女性細膩，就像女生有很多在男生看來都是同樣顏色的衣服，但女生卻都能說出彼此的區別。

關鍵不是男生不解風情，而是男生大腦中的「顏色知識庫」跟女性不同，所以看出去的世界投射回大腦後跟女生真的不一樣。

類似的情況還有很多，有本知名的兩性書《男人來自火星，女人來自金星》某種程度也是在說兩性大腦的差異導致行為模式不同，兩性面對同樣的事件時，解讀出的應對方法也不同。這本書最主要的目的在於提醒人們，理解別人跟自己看見的世界很可能真的不一樣，應該多一點體恤與同理，不要誤以為每個人看出去的世界都跟自己相同，畢竟每個人的成長過程，經歷的事件或所學知識都有所差異。

能讀懂什麼東西，是靠儲存於我們腦內的知識量決定的。當一個人腦中累積的知識量越多，能夠讀出的意義就越深刻。腦科學告訴我們，過去人們所說的「理解深刻」，其實是仰賴腦中知識量網狀串聯的複雜程度。知識量越多的人，知識與知識之間串接的網路越頻密，這個頻密能夠讓人讀出更多意涵。也就是說，**沒有「量」的累積，其實是無法發生質變的**，因為你連理解知識的基本能力都不具備！

另一方面，要讀懂經典所需的「先備知識」量其實也很驚人。例如想要讀懂哲學中的現象學，基本需要掌握兩千年來西方哲學的核心關懷命題與主要論點論證，才有可能。

若沒有足夠的先備知識，又沒有輔助工具，逕自讀經典，非常可能望文生義而誤讀。一個人之所以書讀不懂，或者讀不下去想放棄，有時候不是因為沒興趣，而是因為基礎知識量不夠，而且不知道怎麼累積。就像我中學時期自然科的成績並不好，但上大學後意外接觸了一些科普書，竟然搞懂了中學時代無法搞懂的自然科學問題，關鍵就在於解讀問題的知識量有效增加了。

說真的，要具備精讀能力，必先有龐大的基礎與系統性閱讀作為後盾！

之前曾讀過一篇文章談到，想當個優秀的寫作人，至少需要具備五萬個字彙庫，這五萬個字彙得讀多少書才能累積？

又或者，為什麼每個作家都強調大量閱讀、持續閱讀、終身學習、盡可能多讀書？這些不也是跟重質不重量的說法相違背嗎？

其實就是因為作家們都知道，需要大量儲備字彙量，才足以在寫作時充分表達想法！

我支持大量閱讀，因為我自己就屬於大量雜讀的人。問題是：何謂「大量」閱讀？每天讀多少，才算大量？

某種程度上，當代社會幾乎每個人都是大量閱讀，只要你會使用網路，那麼每天在網路上閱讀到的訊息，跟網路時代之前相比，都是大量。只是我們知道，網路上讀到的龐大資訊，對自己未必有用，浪費了不少時間。

如果是就「讀書」的層面來談大量閱讀，那麼「大量」的定義也是因人而異，畢竟一個大學教授在專業學門上每天能讀的數量跟一個大學生完全不可同日而語。也就是說，閱讀量如何界定取決於閱讀者本身具備的能力和閱讀肌耐力。

對ＭＩＴ的教授來說，一天讀十幾篇論文、好幾本研究專書可能不算大量，而算常態，只要懂得快速閱讀技巧的話。

對我來說，一天讀一本書不算大量而是常態，有時候一天讀到三、五本書以上，才算大量（不含網路內容）。

如果硬要客觀給個標準，我認為，在臺灣如果一天能讀一本書，且能取出精華為己所用，也算做到大量閱讀。

最後談到大量閱讀的目的，我想推廣者（包含我自己）多是希望透過「量的累積」來推動「質的提升」。也就是大量閱讀派相信，大量閱讀有助於一個人的閱讀理解能力、做人處事能力、決策能力、寫作技巧乃至專業能力的成長。

過去知識生產的速度慢，總體知識量少，且社會運作受新知干擾情況較低，所以少量精讀某些經典，便足以用一輩子；但未來的社會，除了少數專門教授經典或與世無爭的人，其他人若要在工作與人生有所成就，恐必持續大量閱讀已是不可免的功課。

量化讀書成果評估，為什麼很重要？

自從開辦讀書法課程，不時有人為了課程副標題「一年讀完三百本書」而槓上我。反對的說辭，不外乎「讀書重質不重量」、「讀那麼快幹嘛？」、「書要慢慢讀」，「不需要讀那麼多書」。

基本上，有讀書習慣的人，認真要計算讀書量的話，一年讀完三百本書並不算多，平均一天還讀不到一本。

一天讀完一本書算快或多嗎？答案見仁見智，端視每個人自己的閱讀速度和需求而定。記得多年前曾經讀過一位麻省理工學院的教授提到，他一天可以讀十二本專業書。他之所以可以讀得快又多，是因為有需要且有能力。

單純從文字量來看，不少人每天在網路上瀏覽過的文章總字數，並不會少於一本書。一本書的字數通常不過四到十萬字。

只不過，更多人習慣逛臉書或網路而不是花時間讀書。只要願意以逛臉書或網路一樣的時間來讀書，不用學速讀或快速讀書法，一年就算讀不到三百本書，讀個五十本書，也就是一周讀完一本書，並不困難。

不相信的話，我們可以實際計算一下：

在臺灣，多數人每天掛在網路上至少一小時，一年就是三百六十五個小時。以成人平均閱讀速度每分鐘一百五十個字（低標）計算，三百六十五個小時可以閱讀365×60×150＝三百二十八萬五千個字，三百二十八萬五千個字，假設每本書五萬字好了，換算起來相當於六十五・七本書的數量。

只要每天願意花一小時時間讀書，就能讀完六十五・七本書，就算折半，一年也能讀三十二本書。

但實際情況是，國人平均每人每年的閱讀數量不到兩本。

為什麼我要以量化評估閱讀成果？

簡單計算到這裡，應該可以粗略看出來了吧？

因為，數量不會騙人，數字沒有情緒，而且可以橫向與其他類似的活動比較。

每次談到讀書話題，數量派最常被反對的理由就是「重質不重量」，反對派認為精讀少數好書優於廣泛多讀。

這個反駁值得好好回應，並非不重要。

在我看來，精讀經典好書的確有必要，因為每次重讀都能讀出新意，我也不反對精讀深讀一本好書，實際上我自己有一些經典作品也是幾年就拿出來讀一次，每次都很有收穫。

然而，精讀一本書，說起來是一本書多讀幾次的意思，實際上也還是數量，毋寧說，能夠讀出好書的品質，是靠閱讀的次數（數量）累積起來的。

在這個意義上，精讀就是多讀，差別只是讀的書是不是同一本。其次，今時不同往日，過去寫書出書是困難的事，人類知識的累積數量也沒有今天來得多，一本書總是千錘百鍊之後才出版，在出版品數量少且知識涵蓋範圍小的時代，精讀少數優質經典有其必要性跟必然性（因為書很貴，能買得起的書也不多）。

而今不然。濫竽充數的書暫且不談，單純就說好書，也真的夠多了，主要關鍵在於人類找到了生產優質知識文本的正確方法（自從西方十七世紀後的方法論革命與十九世紀的實用主義哲學問世後，知識的創造與累積開出新高度，從此人類懂得快速大量累積新知，開展新學門）。

當新知越來越多，閱讀速度不能不快，因為變成基礎知識的東西遠勝於過去，且許多新知也攸關生計與未來發展，不能不讀。

好比物聯網、ＡＩ、大數據和區塊鏈就是這幾年才出現卻已經熱火朝天的領域。影響人類未來的新科技不斷出現，如果對此一無所知，對於找工作乃至於公司或國家的未來發展，都可能造成致命的判斷錯誤。

時代走到今天，不想讀得既多又快是不行的，因為有需要。大量閱讀也有助於我們累積社會知識庫，也就是俗稱的字彙、片語或文法規則。唯有書讀得夠多，字彙與組合字彙的規則才能有效擴充，而這就是閱讀理解能力的來源。有別於許多人的素樸想像，書不是慢慢讀就能讀懂，如果沒學過的知識或文法太多，就算讀得再慢還是讀不懂。

閱讀理解能力跟我們腦中的字彙量、概念量有關，當我們已知越多，要理解未知就相對來得容易。因為人是透過已知的上下文去推估未知字彙的意思。

許多人應該有類似的經驗，小時候考英文閱讀測驗時，如果一篇文章只有幾個字不懂意思，可以透過上下文推敲，但如果不認識的生字或片語太多，就很難單靠認識的少數字彙推敲出其他陌生字彙的意思，只能放棄。

那麼，一個人要掌握多少字彙才能具備透過上下文推敲出文意？答案是五百四十萬個字彙，幾年前Google為了訓練ＡＩ自主閱讀理解，不斷輸入字彙，約莫達到五百四十萬的字彙後，ＡＩ就可以自己閱讀並拆出尚未習得生字的意涵。

大量累積字彙最有效的方法就是讀書，網路文章讀得再多，人們大多只會挑淺顯易懂或自己有興趣的來讀，能增加的新概念或新字彙有限。但是，讀書卻不一樣，我們挑一些基礎領域的作品來讀，可以在很短的時間內大量擴充我們的字彙庫，提升閱讀理解能力。

某種程度上可以說，學習任何一個新學門就跟學習一門新外語一樣，首先要做的事情是大量輸入字彙、文法和片語，當輸入量跨過一個門檻時，我們的腦中將隱約形成一套使用新語言的規則，接著在生活中試著表達使用，改正錯誤，記取正確經驗。

說來有趣，人類學習技能時，容易接受量化指標，像是健身或其它運動，教練可能會說，某某動作每天做十組，或是醫生說每天至少運動多久才能發揮效果；而考核也多是使用量化指標來衡量，例如馬拉松在四小時內跑完、伏地挺身和仰臥起坐做多少下、高爾夫球打幾桿……諸如此類。甚至是速讀或記憶術，也是以每分鐘能讀／記多少字，可進入哪一等級來訓練評比。

只有讀書，我們總是找各種理由替自己開脫，就是不願引入數量作為評估指標。常見的說法是：書有不同的功能與難度，很難一概而論。如果是這樣，那麼解決之道就是做出區分，例如依難易度分成「困難／適中／容易」，依用途分成「專業／興趣／休閒娛樂／其他」之類，便可在更精細的分類下統計自己的閱讀數量，前後時期互相比較。我相信，這些數字某種程度仍足以反映出我們當前的知識水準甚至收入水準。

知名作家龐士東在其作品中提到，閱讀能力高的人，收入水準往往也比較高，關鍵在於閱讀能力高的人，認知能力也比較高，能解決複雜的難題，因此工作上相對較具競爭力。

換個角度思考，如果多讀書沒有好處，也不會有那麼多學者、教授、企業家或作家不斷提醒世人讀書。

試試看，三個月內連續讀一百本書！以你眼下正在面對的挑戰或人生問題當作主題，蒐集一百本書來，不論難易，挑自己覺得有幫助的書，連續密集的讀三個月，我敢跟你打包票，三個月還不到一半，你會發現解決問題的能力與專業知識已大幅提升，因為你在短時間內累積了大量的知識庫，擴充了腦容量，打開了眼界，增加了解決問題的方法工具；且隨讀隨用，碰上困難再導入其他工具，修正方法後繼續應用。反覆練習後，解決問題的工具越來越純熟，工作越來越得心應手，書也讀得越來越快，形成正向循環。

一百天後，專業知識增加了，工作能力也提升，人變得更有精神更好學不倦，一舉多得，何樂而不為？

培養閱讀肌耐力，三個月內連續讀100本書！

★在表格中寫下讀過的書名，打造屬於自己的閱讀書單★

計畫起始日：

計畫達成日：

	專業	興趣	休閒娛樂	其他
困難				
適中				
容易				

活讀目錄便能通曉全書

本文談的「目錄閱讀術」，主要是提供平日工作太過忙碌，渴望吸收新知卻又沒有太多時間完整讀完一批書的朋友運用，它可幫助你在最短的時間內，吸收最多新書資訊。

不過這個方法較不適用文學創作，畢竟文學靠目錄讀不出所以然。比較推薦應用的書籍類型為：投資理財、財經企管、心理勵志、旅遊指南等非文學類圖書。以下舉例也將以這些類型圖書為主。

一本書的構成

談目錄前，先簡單介紹一本書的構成要素。書由正文（包含導論性質的第一章，結論性質的最末章，論述性質的中間章節）、目錄、推薦序／導讀、版權頁、蝴蝶頁、封面／文案所組成。

基本上，正文是作者一個字一個字寫下來的。然而，除了少數天才作家以及專欄集結，多數作者寫書都是先在腦海浮現一個大綱，那個大綱就是一本書的骨架；然後再透過文字，一字一句刻畫完成。通常這個骨架在成書階段會以「目錄」的方式呈現。

目錄的奧妙：目錄是書的骨架

目錄就是一本書的骨架。

掌握目錄，就等於掌握一本書的方向和開展方式。

說來有趣，作家是把腦中的骨架透過文字，具現化為一篇篇字，傳遞出作者的意圖和想法；然而讀者的工作正好相反，他們透過一篇篇文字，去歸納總結出作者的意圖和想法，也就是還原出作者寫作時腦海中的架構

就以商周出版的《讓幸運找上你》這本書為例，它的目錄包含書中要談的七項性質：

掌控能力：對已發生的事情如何選擇與反應的能力。

堅持能力：堅忍不拔、不屈不撓並且持續努力。

冒險能力：有信心去承擔風險，不求穩贏。
感應能力：利用本能反應與直覺，提高對機會的認識。
社交能力：輕鬆的與不同領域的人交涉。
洞察能力：如何看待人生、事件、自我與他人的態度。
自覺能力：對自己的優劣勢有透徹的了解。

透過這份目錄，配合「關鍵字」閱讀法，再從你腦海中撈出關於這些關鍵字的知識庫，就算沒讀這本書也可以判斷它的目的在於教導我們用這七項特質掌握「幸運」。當幸運或機會降臨時，唯有擁有這七項特質的人才容易成功。

這類勵志書多半在目錄就會點出全書的核心精華。勵志書讀起來不難，而且相當激勵人心，問題是做起來百般不易。因此重點不在於懂，而在持之以恆的實踐。可惜沒多少人能做到。因此勵志書歷久不衰，不斷出現暢銷書。

另外像是早年商智文化（二〇一二年已停業）的書籍，目錄也很詳盡完整，且多做拉頁，方便使用，是相當貼心的設計。

逛書店翻目錄前的閱讀實戰準則

好目錄的例子多不勝數，我建議直接跑一趟書店練習比較快。假設你已經置身書店，眼前放著一本未曾看過的新書，翻開它之前，可以透過哪些資訊判斷是否符合你的需求？

首先是封面，封面文案會告訴你這本書的書名、作者／譯者、出版社、書系、定價、ISBN（國際標準書號），另外還有簡單精彩的設計與文案，提醒你此書的重點。

通常知名作家或暢銷作家的作品會有基本品質保證，特別是你持續追蹤的作者。而好的譯者對翻譯的書也很挑，他們譯的書不會太差，像是張君玫、彭懷棟都是一流之選。出版社沒有太決定性的影響，但書系會吸引有持續性閱讀習慣的讀者，例如麥田的Around、人文系列，時報的Next系列和過去的近代思想圖書館，遠流的read it系列，大塊文化的watch、From、To系列，都是我長期追蹤的好書。好的書系對於選書挑書很嚴謹，同書系作品的設計調性和風格也會有所統一。好的出版社都很重視書系經營，放眼十大出版社，主力書系都相當精彩。至於書名和封面設計則是吸引一般讀者的關鍵。畢竟在平台或書櫃上，最先映入讀者眼簾的就是書籍的封面或書背的書名，因此封面往往是圖書銷售市場激戰的勝負第一關。

怎麼從目錄讀出重點？

根據上述資訊挑出了中意的書籍之後，接下來就是翻開內頁。對我來說，目錄是上述因素之外，我決定是否購買或閱讀一本書最重要的關鍵。

通常我一週跑兩三次書店，每次都逛好幾家。若要大量瀏覽新書資訊，我會選擇去大型連鎖書店旗艦店，那裡的新書平台較多（有綜合新書和分區新書平台），可以逐一檢視商品。通常我會先從人文類下手，然後是文學、藝術、商業理財，最後是生活風格。這也是當前圖書市場最龐大的五類銷售商品。

每一本平台新書，我都拿起來端詳前述的封面文案等等，接著翻讀目錄。通常社科人文、商業理財、藝術相關與生活風格圖書，都可以從目錄判讀該書是否精彩，架構是否嚴謹，內容是否豐富，選材切入點是否活潑生動。

好的目錄除了原本的章節，還會附上內文的大小標，光靠目錄便可判讀作者的主要觀點、論述策略和邏輯。若是都沒接觸過該領域卻被目錄所吸引，那麼這個目錄算是成功。

好的目錄不只是標題精彩、引人入勝，更需具備足夠豐富的資訊，讓讀者可以一眼判讀出該章節的內容主旨，此外，前後章節標題之間，也能環環相扣，互相呼應書籍主軸。

以商業書而言，目錄幾乎等同提綱。若是行銷類的圖書，其目錄大概會指出該種行銷手法的推演步驟，以及每個步驟的核心主旨和定義。若是教科書，則每個章節的主要教材內容和觀點，也會顯示在目錄上。

試著以一本自己熟悉領域的教科書目錄來練習。是不是看看這些分類詳盡的目錄就已經可以浮現許多關於章節的觀念和想法了？「目錄判讀法」是可以透過練習而逐漸精準的。當你長期翻讀目錄，練習由目錄推敲文章主旨，久而久之，將能掌握豐富的概念知識庫。而當你擁有足夠豐富的概念知識庫，翻讀目錄有時已經讓你讀完一本書了。

若是你沒時間卻又必須吸收大量資訊，目錄閱讀法是個不錯的工具，尤其是針對專業領域的新知。在你原本就熟悉的領域，目錄閱讀法更能發揮強大的功效。

世界只有一個，內容都在那裡。就看你怎麼拼湊解讀。我一向認為，學習並不是要背誦許多內容，而是學會擁有一套自己的探索方法，得以去認識或建構這個世界。而目錄閱讀法就是一種方法上的練習——擺脫擁有龐大知識內容的迷思，學會精準判斷資訊，對於忙碌又必須快速掌握大量新知的現代人來說，是不可或缺的重要工具。

大量讀書的好處：建立自己的獨門思考架構

對許多人來說，網路上已經有很多免費的好文章可讀，讀也讀不完，也學到很多，何必還要花錢買書？出版業產值江河日下，網路電商不斷成長，此消彼長，頗可見世人的閱讀趨勢之變化。

網路上的確什麼都有，但前提是——要有方法找到這些好東西。在網路上找好東西，宛若大海撈針，除非你事先知道搜尋的關鍵字，否則，網路只是擁有超量資訊的地方。

聽說仍保有紙本閱讀習慣的人，比較知道如何透過網路搜尋引擎找到自己所需的知識，而只有單純網路閱讀習慣的人，則是隨興瀏覽，在網路上閒逛，看到有興趣的才點進去看看，雖然也可能因此邂逅改變一生的知識，但更多可能只是點選了商人想要推銷給自己的觀念或產品，甚至是一頁式詐騙。

如果你覺得拿起一本書來讀很累，總是提不起勁，也覺得用腦思考事情很累，但是一上網就精神百倍，那麼真的要小心，你可能已經被餵養成在網路上尋找可以取悅自己大腦的資訊，卻無法稍微閱讀困難一點的內容。長此以往，大腦越安逸舒服，越不懂得如何自主思考，不利於大腦的開發與活用。

即便是數位時代，書籍仍是少數能抵抗鋪天蓋地文宣式文字、提供高品質知識結晶的資訊載體。相較於網路文章，書籍內容多半經過作者與編輯再三確認，有些書甚至經過專家審定，知識的出錯率相對較低。

好的書通常根據「問題－答案－論證」的結構撰寫，頭尾一貫，方方面面的處理了一個主題中的各個重要問題，提供正反雙方的見解與論證，可供讀者了解來龍去脈，掌握一個知識系統的相關訊息。

更重要的是，好書凝聚各種資訊所建立起來的知識系統，必然邏輯嚴謹，符合MECE法則（窮盡所有答案的可能性，不遺漏訊息且分類精確而完整）。多閱讀好書，可以訓練大腦的邏輯思考與表達能力，讓我們更精確的掌握並理解世界，甚至養成批判、質疑、挑戰現狀的獨立思考能力，不會人云亦云，通讀百家之言後，甚至可進而形成一家之見。

總的來說，讀書的重要性不容忽略。書籍中的知識密度、深度與廣度、資訊正確性，以及論點論據的架構縝密度，往往勝過絕大多數的網路文章。若能養成耐著性子讀長篇作品的習慣，可有效鍛鍊思考的肌耐力，建構思考架構的能力也會大有斬獲。這些能力有助於一個人在生活中做出較為正確的判斷，避開不必要的風險與錯誤。

【80％的重點在書籍的20％：巴列圖法則讀書法】

讀書的時候，其實絕大多數的內容我們都可以在極少數的時間內記得，偏偏考試制度的填鴨要求學生為了追求高分，得花上相當多的時間，去硬記少數份的內容。

學習瓶頸的突破，有時候沒有秘訣，必須等待時間的發酵。偏偏教育制度本身竟成了教育學習的阻礙，要求學生竭力追求那些微的分數成績，不能欣賞學生很快就學會的大部分東西（特別是有些考試的命題老師愛考超冷門知識，以撂倒學生為樂者為甚），導致許多學生都有自信心不足的困擾。

巴列圖：80／20法則

其實學習時間與學習內容之間，也遵循著巴列圖法則（又譯為帕雷多法則），又稱為「最省力法則」。巴列圖（Vilfredo Pareto，一八四八－一九二三），義大利經濟學家暨社會學家。巴列圖法則為其在一八九七年所提出，80／20法則指的是，百分之八十的A，是由百分之二十B所達成的，相反的百分之二十的A則是由百分之二十的B所達成的。

如今80／20法則在人類生活的應用層面已經相當廣泛。舉例來說一個公司百分之八十的業績，可能是由百分之二十的成員（工作時間）所創造；一個人百分之八十的親密關係，可能是由所認識之人的百分之二十所提供；我們百分之八十的時間，只穿了自己百分之二十的衣服；這世界上百分之八十的成就，是由百分之二十的人所創造的；社會上百分之八十的財富與權力，集中在百分之二十的人手上；百分之八十的人，為百分之二十的人效命；百分之八十的社會資源，只應用在百分之二十的人身上……這例子還可以無限延展。

巴列圖法則告訴我們，人類行為大部分的成果與績效，來自於一小部分的努力與貢獻。在通常情況下，造成較大影響的通常是少數因素，而大多數的因素卻造成較少的影響。一般而言，你的百分之八十的成果，僅來自於百分之二十的付出。這個原理告訴我們應該如何利用最少的合理時間，達到一定數量的成果。並且別浪費其他寶貴的時間。80／20告訴人們，一分努力一分收穫是錯的。我們五分之四的成果來自於五分之一時間的付出。成因與結果，努力與報酬之間的關係，並非一比一的等比例關係。

80／20法則除了教我們如何以小搏大，也教我們重視那些被（因各種原因）排擠的百分之二十的少數群體。因為同理，百分之二十有成就的人，也該擔負起照顧其餘百分之八十的人。這個等式在某些時候是雙方條件都滿足時才能夠成立，當在此狀況下時，少數掌握大多數資源的人或團體就必須照顧大多數掌握少數資源的人或團體。

80／20讀書法

80／20法則若放到讀書來看，以讀書時間（B）和讀書成果（A）來說，我們百分之八十的讀書成果，是在百分之二十的讀書時間內所記下的；而剩下百分之八十的時間，都被用來逼迫自己記憶剩下百分之二十的內容（而且未必能夠完全掌握）。

另外，80／20法則還可以應用到考試。那就是百分之八十的題目，來自百分之二十的內容。因此如果能夠善於掌握重點，便能夠在百分之二十的教材內容中找出百分之八十的考試題目來源。

利用少數的時間掌握了大部分的學習成果之後，別把多餘的時間浪費在剩下的少部分學習成果的獲取上，而應該用來追求人生其他重要的面向（如果是考生則請用來閱讀其他學科，務求在最短時間內讓最多的學科達到平均學習成果）。

了解80／20法則，再配合重新分配學習範圍和學習時間，把學習範圍按照目錄或者學科架構，盡可能的切割成小塊（千萬不要老是傻傻的坐下來把一本書從頭讀到完），抓出書籍內容中那百分之二十（考試會考／專業會用）的重點，再運用80／20法則，在少數時間內精準掌握學習內容中那百分之二十的精華，把握少數學習時間所獲得的重大學習成果，肯定能夠讓學習成效在和其他人付出同樣時間的前提下更加提升。

注意你學習成果的邊際遞減效率，80／20法則是一個最好的提醒。一般人只能在短時間內集中記憶大部分的事物，其他的事物則會因為集中力的衰退導致邊際遞減效應發生，無法像之前那樣有效記憶。

如何應用80／20法則讀書？

一、切割學習範圍，將教材內容、考試出題會考的百分之二十的重點先行抓出。然後在將學習範圍內的內容按照各自的重要性依次為四等份（總共將學習範圍分為五等份）。每一學門均如此。

二、利用百分之二十的學習時間，先閱讀上述的學習重點。然後換讀其他學門。然後再按各自的主次順序依次閱讀事先所做的排序。

學習其實可以很快樂，若是我們能夠以80／20法則來看待自己的學習成果。知道某些難以記得的知識必須花費許多時間去學習才可能完成並不是自己笨，而是那些知識可能特別難和我們不對盤等等。應該看重那我們得以輕鬆掌握的百分之八十學習成果，別為了那百分之二十而過得垂頭喪氣。

輯六

主題

打破以「本」計算的閱讀框架

一本只有三十二頁，每頁不到一百字的童書是一本書；一本一百九十六頁的漫畫書是一本書；一本五、六百頁的哲學經典巨著也是一本書……。

「一本書」是相當空泛不著邊際的概念。

談到讀書，最常被問起的問題之一，就是「讀完」。不少愛書人對於沒能從頭到尾讀完一本書都有種莫名的焦慮。

當然，小說類作品好像非讀完不可，否則不知道結局，而且也不能忽略中間的過程，不然結局可能看不懂作者的設定。

撇開小說類不談，其他類型的作品，是否也真的都要一本一本從頭讀到尾讀完才算有讀？我倒不這麼認為。

其實，書雖然以「本」作為銷售單位，但是構成書籍的知識，更常以章或節的方式獨立呈現。像是不少學術論著，可以只抽取當下需要理解的章節閱讀，其他部分可以暫且擱置。記得研究所時期，課程中讀的文獻資料常常是某本書的其中一章或兩章，很少從頭到尾指定閱讀某本書，除非該書是經典且課程本身就是細讀該作品，不然通常都是每本書挑一個部分，不過這樣下來，整體的閱讀跨度卻能夠包含整個學科主題，掌握最基礎應該理解的知識。

當然有些書首尾一貫的講述一個主題，也很適合整本讀完，像是《人類大歷史》。不過這種書也可以不深入細讀，只記住作者想要解決的問題跟解決方法即可。

總之，書的構成單位雖然是「本」，但是閱讀者卻未必要遵守這個框架，而可以根據自己的需求，進入書中，擷取需要的部分，暫且擱置其它。誇張一點說，有時候，好好琢磨書中的一句話或一段話，抽出來應用在自己的人生來解決問題，收穫甚至比讀完一整本書更大。

我們之所以有種「非把書從頭到尾讀完不可」的心情，我認為跟過去學生時期的教科書閱讀訓練有關，因為我們需要應付考試，必須把每一本教科書從頭到尾讀完，甚至反覆閱讀，這種習慣深入人心，影響我們日後的讀書習慣而不自知。（字辭典、百科、圖鑑、文集、旅遊指南等類型的書，通常很少人會一口氣讀完一整本，而會自動挑選需要的部分運用。）

或許可以試著改變面對書籍的觀念，我們買下一本書，不代表只能把它讀完，而是可以根據書的構成結構（字詞／句子／段落／章節），以及我們的需求和心情，自主閱讀想要讀的範圍區間。無論一次讀一章還是一頁，或者是一段甚至一句，都沒有關係，只要自己有所收穫就好。

另一方面，有時我們單看一本書卻讀不懂，不管是因為翻譯品質還是自己的程度不夠，也可尋找其他同質性主題的作品來閱讀，此時，我們讀的不再只是一本書，而是一整個主題。在一個主題範圍內，盡可能綜覽相關資訊，並且交叉比對，歸納出自己的想法，這種主題式閱讀法，便是超越以「本」為單位，改用「主題」為單位的閱讀法。而主題的設定，可能是我們待解決的問題（例如時間管理、腦科學、大數據等等）。

其實我們很習慣根據自己的問題來找關鍵字，再用關鍵字串聯尋找可能符合需求的書，進行閱讀。為了節省閱讀時間，將這些快速瀏覽找到的書，挑出真正需要讀的部分，只針對這些部分深入閱讀，就是主題式閱讀法。這或許就是許多學術類的書都有關鍵字索引的緣故——便於讀者快速找到需要的段落或篇章，不需從頭讀到尾。

總之，書籍只是承載資訊的工具，而「本」則是過去人類社會常用來承載資訊的基本單位，但是，閱讀未必要受「本」這個框架制約。一本書不一定要從頭讀到尾，你可以從任何想要開始讀的地方開始，在任何你想結束的地方停止，特別是當我們已經脫離學校的填鴨考試教育，不再需要背誦教科書之後，讀書可以更加靈活並根據自己的需要，是一件自由的事，而不是別人加在我們身上的期望。

最後分享，某種程度上來說，計算閱讀本數並沒有太大的意義，因為一本童書跟一本哲學原典，數量都是一本，也都很重要，但是，閱讀所需的時間和理解力差別不小，非要以「本」為單位強迫自己讀完每本書，恐怕最後只會讓自己更不想讀書而遠離了書，那就可惜了。

面對書，隨興自在，想讀多少就讀多少，想讀就讀，不想讀就停止，也就可以了。

知識生產者一定要會的主題式讀書法

「主題式閱讀」，是指讀者根據需要，針對一個特定主題，閱讀兩本以上性質相關聯的書，其目的不在於通讀，而是藉由各書中與主題相關的章節，閱讀消化，找出和自己需求相關的資料或解答。研究生寫論文、大學生寫報告的成敗關鍵之一，就在於是否擅於主題式閱讀。

要精通主題式閱讀，必須熟悉「檢視閱讀」和「分析閱讀」，這兩種閱讀技巧是主題式閱讀的前置準備功夫。

舉例來說，當你決定要撰寫一篇關於「家庭」研究報告時，所能收集到和「家庭」相關的資料，浩瀚如海。首先，我們必須先確定自己想研究的對象、範圍以及核心問題，從這三點出發，刪除不相干的文獻，進行書單篩選。

至於如何刪除大量不相干文獻？當然先從書名、作者、內容、簡介、關鍵字、目錄等資訊著手。刪除無用書單的同時，也在同步釐清自己研究報告的主題。等到找出第一批可用之書，便可停止篩選工作，因為閱讀第一批書單後，書中與自己研究相關的問題、論點或者參考文獻，都會再引導你找出下一批書單。

大致上，只要能找到該主題相關領域的重量級書目，便可以透過對這本書的詳細閱讀，分析該主題歷來的重要問題、研究取徑、研究問題以及相關研究或書單。這就是文獻回顧。目前網路搜尋引擎發達，只要我們將找到的第一本書中，整理出重要概念Google一下，便可以得出許多新資訊。

簡言之，主題式閱讀有如下步驟：

一、透過網路、圖書館、書店等媒介，找到與研究主題相關的第一批書。

二、針對第一批書，閱讀與主題相關的章節。記住，重點是「與主題相關的章節」，而非「各書的重點」。因為每本書都有自己側重的主題，我們必須從這些獨特的書籍中，找出與我們研究主題相關的章節，而不是迷失在浩瀚的書海中。

三、與作者對話，直到找出書籍與我們研究主題之間的共識，將各書論點融會成我們所需要而又不違背書籍原意的觀點。

四、建立自己的主題閱讀詞彙庫，可藉此有效的將各書中的觀點整理或重新詮釋成符合我們需要的文字或說法。

五、釐清研究主題，詳細閱讀第一批書並整理、對話後，透過這些論點，重新檢視自己的研究主題，並且將主題確定下來，進而確定閱讀範圍，之後不屬於這個閱讀範圍的書，一概排除。

主題閱讀（文獻回顧）的成敗在於問題取向的閱讀是否扎實。文獻回顧的重點應該環繞在所要研究的問題上，而非堆砌出該研究領域過去曾經有多少偉大的研究成果。以你的研究問題出發，不要讓任何討論跳出這個議題，才是好的文獻回顧。

附帶一提，這套主題閱讀方法也可以用來篩選網路搜尋出的龐大資料。非常實用。

【搞懂閱讀四層次】

Mortimer J. Adler和Charles Van Doren合著的《如何閱讀一本書》是一本關於如何閱讀理解類型作品的經典著作，他們在書中介紹了閱讀的四個層次，其中，每一種層次都包含前一種層次的技巧和功能：

一、**基礎閱讀**，指的是學會認字。這是閱讀能力的基本。這是小學程度必須學會的閱讀。在這個層次上的閱讀重點在於，認出書籍上面的每一個字，知道句子在說什麼，但或許還不一定明白每一個字後面的意思，但至少已經能夠唸的出來。

要學會基礎閱讀的人，必須具備視力、聽力、起碼的認知能力（基本智商）、口齒清晰、學習能力、注意力等等。在這個層次的閱讀，重點是字彙、文法、片語的學習、熟練與累積。

二、**檢視閱讀**，指在有限時間之內，抓出一本書的重點，或讀完一本書。檢視閱讀必須能夠充分的學會系統化略讀，從表面去觀察這本書，學到書的表象所教導的一切。重點在於了解這本書想談什麼、這本書的架構為何等等。

學會檢視閱讀，可以幫助自己在短時間之內，判斷一本書值不值得讀。筆者提到的「目錄閱讀法」，便是檢視閱讀的一種整理和濃縮。從書名、作者、譯者、書籍文案、出版者、目錄、序言、導讀、結論之中，盡可能的掌握書籍的資訊。

有系統的略讀有兩種功能：其一、可以幫助我們大量收集資訊。其二、為較為困難的書籍打基礎。在閱讀困難的書籍時，先進行一次略讀，抓出這本書的架構、核心問題、論述說法與無法理解的部分。第二次再回頭來讀，或藉助字辭典輔助工具，或查資料，或沉浸其中慢慢思考都可以。

如果想要搞懂每一個字才繼續讀下去，基本上閱讀行為是不可能完成的。無論理解與否，我們總是將所讀進去的字句進行某種「存而不論」的先行接收。腦袋則直接搜尋與書籍主題相關的論點或概念進行理解，排除與文本較不相關的字句。

三、**分析閱讀**，這是一種全盤性的完整閱讀，不考慮時間，重點是對於所讀的東西，提出系統性的問題，抓住一本書的內容，將之生吞活剝、消化吸收，直到最後成為自己的一部分為止。

四、**主題閱讀**，又稱比較閱讀。這個層次的閱讀已經不是讀一本書，而是讀一群書。這是研究所以上必須學會的閱讀，能夠找出書與書之間的關係，並歸結出相同的主題。

輯七

世界

檢視個人閱讀狀況的九宮格自我提問術

介紹兩個檢視閱讀的九宮格。

第一個是6W3H提問法

6W3H提問法是我多年來閱讀新聞稿寫作、邏輯思考、業務銷售、企劃寫作、故事設計等類型作品中，談到關於如何問問題的技巧地匯總整合。

6W3H可以協助我們釐清一個事件的各個待注意面向，讓我們更清楚而完整的蒐集到事件相關的資訊，好讓我們做出更恰當的思考與決斷。

例如，在企劃案寫作上，可以讓我們寫出更為精準的企劃提案；在銷售提問上，可以輔助我們問出更加貼近客戶需要的問題；進行邏輯思考與表達時，蒐羅資料不容易有遺漏，方方面面都能顧及（由於本書是談閱讀，上述用法的細節暫且不談，未來有機會再跟大家分享）。

那麼，放到閱讀，可以怎麼使用？

When－何時	Where－何處	Why－為何
我何時需要讀這本書？ 我何時要讀完這本書？	我在哪裡讀這本書？ 我通常在哪裡讀書？	我為何要讀這本書？ 我為何要讀書？
How Often－頻率	**Who－誰**	**What－什麼**
我通常間隔多久讀一次書？ 我通常多久讀完一本書？ 我一次閱讀，通常花多久時間讀書？	誰需要閱讀，以及誰需要讀這本書？ 假設答案是我，以下問題則由我作為主詞	我讀的這本書在講什麼？ 我的閱讀是……什麼？
How Much－成本代價	**How－如何**	**Wow－情緒**
關於閱讀，我必須支付的成本代價為何？ 關於閱讀，我能因此獲得的效益為何？ 關於閱讀，我付出了什麼代價？ 關於書籍，我花了多少錢買書？花了多少時間讀書？	我是如何進行閱讀的？ 我是如何閱讀手上這本書的？	關於閱讀這件事情，給我的情緒感受是什麼？ 關於我正在讀這本書，給我的情緒感受是什麼？

簡單來說，用這九個問題檢視自己的閱讀情況（關於閱讀或是某一本具體的作品，都可以套入），或是檢視一本書中所出現的問題和答案是否周延都可以。

閱讀九宮格可以幫助我們更具體而真實的了解自己的閱讀情況，知道自己是甚麼樣類型的讀者以及閱讀與我們自己的關聯性。

透過詳細自我審問，我們可以針對這些問題的答案，修正其中的不足或偏失，重新製作關於自己的閱讀計畫。

第二個九宮格前文曾提過，是用來檢視自己的閱讀類型與書籍難易。

- 讀什麼樣的書，對你來說是輕鬆簡單、無負擔的的？
- 讀什麼樣的書，對你來說是要稍微動腦思考才讀得懂的？
- 什麼樣的書，是你就算想讀，也讀不懂的？
- 你平日讀哪些類型的書？哪些類型的書不讀？
- 有沒有甚麼書是你想讀卻讀不懂？
- 根據你過往的閱讀經驗，劃出自己的閱讀地圖，掌握閱讀的上下限。

	主題（專業）	興趣（休閒）	其他
困難			
適中			
容易			

關於閱讀類型，我將之分為主題（專業）、興趣（休閒）還有其他。

至於閱讀難度，我分成困難、適中與容易三類。

先說結論，我認為兩大分類形成的九種閱讀區間應該盡可能的接觸，不要只偏重在一兩個區間。

根據我的觀察，多數有閱讀習慣的人，通常會攻讀主題（專業）與興趣（休閒）中對自己來說難度適中或偏容易的作品，比較少人會接觸讓自己覺得困難的書。不過，也有一些人專攻困難的書，反倒不怎麼讀難易適中或偏簡單的書。

在我來看，難度適中的書，用來

取得知識內容的效果最好。

偏難不容易看懂的書，則適合拿來做頭腦體操或自我刺激，好比說，當初上大學不久我就到圖書館借了馬克思的《資本論》回宿舍讀，對當時的我來說根本天書，但是偶爾讀懂一兩句就會有種腦袋被啟發，感覺自己有變聰明一些。

偏容易的書，要讀的重點不是知識內容，因為書上的知識內容我們應該都已經知道了，這類書要讀的重點是：人家是怎麼鋪陳知識，把知識講得淺顯易懂？

要知道，文章要寫得淺顯易懂並不容易，特別是原本就不好懂得領域的知識卻能轉譯成一般人能懂得生活化文字，本身就有其值得學習的地方。

然而，有一些人只從知識內容的取得而不從寫作技巧地學習的角度閱讀，以致於忽略甚至輕視了內容對自己來說偏簡單的書，著實可惜。

特別是當自己生活或工作中也需要撰寫文章來傳播觀念時，這類內容簡單好懂的書，是很重要的幫助。不妨把重點放在文章的鋪陳布局，看人家怎麼講故事？

就算這些簡單的書，不但內容簡單，也寫不好，那也沒關係。寫不好的書，其實是鍛鍊我們批判思考的好工具。常常有些人會怕讀到爛書，我倒是覺得，讀到爛書應該要開心，因為那就是你展現批判思考，只是說爛，卻說不出爛在哪裡，那還不夠，身為負責任的讀者，必須指出手上這本爛書之所以爛？為何爛？如何爛？該怎麼改正？如此鍛鍊下來，有一天你會發現自己從爛書獲得的收穫比好書還多。因為好書只能讓你點頭如搗蒜的附和與同意，沒有自己出場的時機，爛書卻能檢視你過往的學習成果，在這本書的批判上彰顯出你的閱讀理解功力。

關於書的分類，主題（專業）與興趣（休閒）不難理解，就是選讀跟我們自己的專業或生活有關主題的作品。

也許有人比較不解的是「其他」類，這指的是，在你過去的人生中從來沒有想過要讀的書籍類型。

具體來說，假設你有逛書店的習慣，就是你從來不會想走進去的書區。

我覺得每個人應該給自己一些接觸未知學科的開放性心態，因為真的很有趣。

當初我在大學養成讀書習慣後，開始按照圖書分類逛圖書館，看到了許多想都沒想過的學科領域的關鍵字，也借了一些書回去翻讀。雖然未必都能讀懂，有些領域後來也只是知道但擱置不太讀，但也的確開啟了不少新視野，特別是每一次碰到前所未見的新領域知識時，那種頭皮發麻、身體彷彿觸電的感覺，讓人很愉悅。

我認為閱讀人要保持開放之心，對任何知識都不要預設立場，有機會就翻讀看看，讓書籍知識跟自己大腦內的既有資料多多碰撞，並且留意那些碰撞後的火花，那裡面也許藏著改變自己人生或社會國家的關鍵訊息。

圖書館就是人類知識地圖的總和

你在什麼時候，會想到上圖書館？

我約莫是從高中開始，比較有固定上圖書館的習慣。一開始，只是不想在教室午睡，因為當時學校的做法是，學生可以利用午休時間去圖書館，如果去圖書館，就可以不用留在教室午休，所以我常常都選擇午休時間去圖書館。去了圖書館也沒幹嘛，大多是看看期刊，偶爾逛逛書架，看看其他同學正在看的書（當年班上有些同學很迷遠流出版的德川家康，每天跑圖書館看），偶爾借幾本書，代表真的有去圖書館看書，僅此而已。

上大學之後，因為迎新宿營玩到受傷，腳包了好一陣子，還拄枴杖，下課後哪裡都不能去只能回宿舍，當年不像今天有一堆網路遊戲，夜晚宿舍很無聊，剛好回宿舍路上會路過社圖（輔大），我就每天都借兩本書回宿舍讀。

慢慢的，就養成了每天讀一兩本書的習慣，原來夜晚真的很長，一個晚上讀完一兩本書根本是小蛋糕一塊。

此後，我養成了前一晚讀完的書，隔天上課前就先繞到圖書館去還，等下課要回宿舍時再去圖書館借書的習慣。

再後來，我發現空堂時窩在圖書館，特別是沒什麼人會去的英文書區，很安靜，也很好休息。從此我就更常去圖書館，有空堂去，下課後沒有社團活動的晚上，洗完澡後也跑去，可以說成天往圖書館跑。

我後來還會去抄一堆在書店看到的新書書單，跑到圖書館填寫申購表，請圖書館買了一堆我想看的書（雖然不是每一本書圖書館最後都會採購）。

其實，當年的我也沒有後來的我那麼愛看書，只不過待在圖書館很舒服，而這個環境都是書，於是不知不覺就看了很多書。

而且，慢慢的我發現，除了讀書，我還花不少時間整理書單，蒐集書單，將手上知道的書籍資訊重新排列組合。日後回想，這件事情對於我發展自己的知識系統的建構，幫助很大。

其實，我們很多人累積專業知識，其實都是從累積書單而非閱讀書單中的內容開始的。記得研究所時代，每次開課之後，同學們都會先看老師開了那些書單，我們都是透過書單去想像這門課可能的內容，再決定是否修課。

某種程度上可以說，書單群告訴了我們學科的脈絡與系譜，是一種非常好的知識地圖索引。

我自己在大學時代，除了收集本科所學的書單，也熱中收集各種領域的書單，不，簡直可以說，從圖書館的000到999的杜威十進位分類法的書單，扣除理工科那些冷僻書之外，我基本上都很有興趣，雖然不一定會花時間寫下來，但每次逛圖書館時都會反覆再三的瀏覽過。

每次上圖書館時，我都會盡可能花時間逛圖書館，從頭到尾逛上一輪，以宏觀整體的高度瀏覽書架上的書單，看到有興趣的書就取下來看看基本資料（作者、出版社、文案）和目錄，感受一下不同領域的知識。不僅中文書如此，外文書也是如此，看不懂的語言的書照樣拿下來翻，我也是因為養成這個習慣，後來在研究所時期逛台大法學院總圖的圖書館地下室藏書區，才推敲出和製漢字與閱讀速度提升的關聯。

逛圖書館是我大學時代養成的興趣與習慣，我若是有時間，就會從總論類開始，一櫃一櫃的掃讀架上的書單，辨認自己是否有興趣，透過這樣的方式，逐步擴充自己的知識地圖，以及閱讀量。

我讀各種領域的學科史和入門書，試圖掌握盡可能多的學科知識的梗概，將整個圖書館的知識架構轉化為我自己的一套。

日後，這套知識地圖對我的工作和生活的幫助很大，好比說大學寫報告時，我很少使用電腦索引系統查書單，我都是直接到書區去翻可能相關的書籍，然後全部搬出來，逐一翻讀，判斷是否是我需要的書籍。這種地毯式的系統式的閱讀方法，可以幫助我反覆打磨腦中的知識系統架構，讓我以更宏觀且網狀的方式閱讀並理解知識。

再者，我發現找資料時，光只從關鍵字索引，未必能找到合適參考的書籍，因為我們腦中在搜尋當下並沒有恰當的關鍵字。除非我們透過基礎閱讀累積了足夠厚實的知識庫，知道甚麼問題大體上可以找什麼書或期刊，才能縮短抵達所需知識的時間。

後來我又發現，這個問題在Google崛起且普及之後更加嚴重（其實我們當年也很嚴重，我發現很多同學常常得去國家圖書館找資料寫報告，說是學校圖書館的書很少，但我發現，其實是無法正確使用圖書館的問題比較大），許多學生的報告寫得都差不多，因為上網找到的資料基本都一樣。

說真的，我很愛泡圖書館，待在圖書館除了有很多書可以讀，被群書包圍的寧靜感也很舒服，甚至我常常逛到忘了吃飯也不覺得餓，在學期間常常白天進去圖書館，出來已經是晚上了，上研究所之後變本加厲，因為台大總圖更是好逛，沙發很好睡，研究生可以借的書籍數量更多……

圖書館，絕對不只是借書回來讀這麼簡單的用途而已，對我來說，圖書館可以做的事情還有很多，例如建構自己的知識架構系統（這件事情就目前為止我認為實體圖書館的幫助仍遠大於虛擬的網路世界），得以認識人類的建立知識的規則，還有發展自己的世界知識地圖等等，畢竟每一本書問世之後都能在圖書館的某個分類區中找到自己的位置，整體來說，圖書館不就像知識的宇宙一樣嗎？

【結構功能主義閱讀術】

認真要幫我自己發展形成的讀書方法論取個名稱的話，應該是結構功能主義閱讀術，源自社會學理論家派深思的結構功能論的啟發。

派深思（Talcott Parsons），美國當代社會學家。新英倫阿姆赫斯脫大學畢業，德國海德堡大學博士。曾任哈佛大學教授，社會關係學系首任系主任。

派深思主導了二次世界大戰後到一九六〇年代中期，英語世界的社會理論。如果說派深思是美國社會學之父，雖然有待爭議，但仍不為過。派深思創造了一個企圖解釋社會運作的大理論架構——結構功能論，並堅信它足以囊括一切社會運作秩序的邏輯。

派深思巧妙的融合了社會行動中的整體論（涂爾幹）與個體論（韋伯），認為人們是根據共有的「價值觀」和「規範」來理解世界並參與世界的運作。價值和規範共識，是凝聚社會秩序的核心原則。

規範指的是社會公認的規則，人們用以決定自己的行動。

價值指的是人們認為世界應該是什麼樣子的一組信念，能夠左右人類行動的效果。

派深思認為，社會運作最重要的是意義、符號與訊息的溝通，以及個體的行動組成行動體系的方式。

派深思借用生物學的有機體論比擬社會，他認為社會是一種特殊的有機體，並由各種不同的部分所組成，每個部分有其功能以滿足有機體本身的需求。

我們若將社會視為一個有機體（例如人類），那麼我們可以看到它有各種需要，和一些與需要相關的部位／體系。而部位的功能，就在於滿足那些需要。例如人要吃飯才能活下去，因此就有了與進食相關的器官如食道、胃、消化系統等等。派深思認為，一個社會的行動體系若要維持下去，這些部位的功能就必須被滿足。

那麼，我所謂的結構功能主義閱讀術，具體來說怎麼輔助我們進行閱讀？

那就是找出指導某份文本中的字詞、句子、段落與文章構成的元素，以及各自的核心價值共識和規範。

也就是說，透過文本的構成元素、層次、結構與各自的功能意涵的核心價值與規範共識，在閱讀時，進行拆解與重組。

好比說，我相信一篇文章的寫成必然有其核心的主題，待解決的問題，解決問題的答案與說明。文章的構成，必然是環繞著此一題旨進行撰寫，因此，反過來說，當我們閱讀時，若也順此結構進行逆向拆解，相信就能拆出作者試圖傳遞的訊息。

我們所熟悉的起承轉合，也是一種文章的結構，每一個環節都有其設定的功能與目的，為的是讓文章能夠順利開展，不至於前後混淆，模糊不清。

若用結構功能論來看，文章的每個部分都應該扣連題旨，字與字的連結、句與句的銜接、段落與段落的構建，都必須共同扣繞在文章的主題下，甚至文章各元素與層次間彼此環環相扣、前後呼應，文章的意涵才能順利傳遞，文章才能站立得穩。

例如，文章的主題是「我的志願」時，那麼文章的開展就必須環繞著題目，伴隨著起承轉合開展。每一個段落都必須呼應題目本身，而不能夠跳脫題目。即便一時跳脫，也是為了鋪陳最後能夠拉回主旨本身的一種反證手法，否則，若一篇文章完成後內在構成元素明顯與「我的志願」無關時，要不就該換上另外的題目，要不就是審題失敗，被判定為無效文章。

從閱讀的角度來說，透過主題的掌握（作者的設問與解答為何？），段落的鋪陳與剖析（作者在各段落如何對所提出的主張加以證明）……，我們可以快速的掌握一篇文章或一本書的核心主題，以及這篇文章或書籍的核心觀點和想法，還有作者的寫作手法，論述模式等等。

我們不妨把文章或書籍視為有機體，找出全篇各層次各元素的功能和目的，我相信一但掌握住了文章的結構，了解字彙、句子、段落各自的元素、結構與功能，便可以快速的掌握文章所欲傳達的訊息，不至於誤讀或誤判，亦不至於錯把細節當成核心，或錯把把核心觀點視為無用的瑣碎細節。

掌握文章或書籍的構成元素和整體結構，了解後的運作秩序和構成邏輯，對於閱讀的理解將有事倍功半的效果。本書將從字詞、句子、段落、文章、書籍、主題與世界七各文本的層次，深入拆解各層次的構成元素、目的與功能，還有閱讀時應該抓出的重點避免犯的錯誤，協助讀者徹底掌握文章的結構功能，藉此套方法，耳後便能快速並且讀懂文章的訊息。

輯八

日常生活中的閱讀實踐

不是沒時間，而是不看重

不時會有人私底下寫信問我，「為什麼可以寫那麼多東西？」我除了每個月固定寫作與發表數十篇文章之外，還經常在臉書或部落格上發表短文或評論，發稿量相當大。

一方面是我的工作本來就和文字撰寫有關，二方面我個人興趣廣泛，對不少主題都有興趣，其三是我懂得一套可以快速寫作的技巧（後來我也開課傳授這套技巧）。

然而，最主要的原因，是因為我看重寫作這件事情，願意在行程表中將寫作排入。例如，除非特別狀況，否則一般我的外出開會或工作邀約都排在下午或晚上，中午以前是我的固定寫作時間（當然，常常也會寫到下午或晚上）。

寫作與閱讀的時間，是必須被當成正事排入行事曆，預先扣除的部分。

簡單來說，就是建立閱讀與寫作習慣，好像不刷牙不能睡覺，每天必須吃三餐一樣，把寫作與閱讀當成日常生活運轉不能割捨的一部分，每天都花一點時間讀書和寫作。

因為我看重這件事情！

這是不少沒辦法建立日常閱讀與寫作習慣的朋友常犯的錯誤，想等到有時間的時候再來好好讀書或寫東西。

結果是，永遠沒時間好好的讀書和寫東西。

讀書和寫東西如果是等其他生活中的事情都完成、有空再來處理的事情，你會發現，你的生活裡永遠有比讀書與寫作更重要的事情等著你去處理，只好一再推遲讀書和寫作的時間。

讀書與寫作是如此，讀經、禱告、聚會，乃至減肥、運動與家人相聚……都是如此，當我們嘴巴上喊著「好忙、好忙」，沒有時間××的時候，其實我們的意思是，其他事情比××這件事情更重要，其實我們內心深處並不看重××，並不覺得它重要。或者說，無法了解××這件事情的真實價值，因而無法在日常行事曆上給它排一段時間，甚至養成習慣每天固定花時間去做。

慾望城市的編劇曾經寫過一本書，書名叫做《其實他沒有那麼喜歡你》，說的是如果一個男人真的很喜歡一個女人，再忙都會想辦法抽時間給自己心愛的女人打個電話或傳個簡訊，想辦法在行程中排出空檔約會。如果一個男人只會以我很忙搪塞女朋友，那代表這個男人根本沒有那麼喜歡你，根本不看重你。

那些一秒鐘幾十萬上下的大老闆，再忙都還是願意排出時間來教會聚會，你說他把這些時間排在商務會議上會否賺更多？為什麼他們不這麼做？因為他們看重這件事情背後的意義，知道這是重要的事情所以願意排除萬難來參加，而不是等到我有空了才來！

不妨取出自己的行事曆來看一看，填滿你的行事曆的都是那些行程？再花點時間想一想，哪些事情是你一直很想做卻因為很忙而沒有時間做的？然後再想一想，這些沒時間做的事情是真的因為很忙而沒空做，而是其實也沒那麼想做，所以就順利成章的讓忙碌成為自己不去做的藉口？

有時候，你真的很想做某件事情，但是這件事情有點難度，坐起來大費周章但是收效甚微（CP值太低），使得你雖然很想做但總是提不起勁來做，寧可把時間讓給其他CP值更高的事情。

舉個例子，有一些人雖然很想寫點東西把自己的專業知識留下來，卻又覺得花時間寫東西所能獲得的回報（稿費／版稅）太低，還不如把時間花再能夠賺更多錢的地方，所以雖然真心想寫但卻始終挪不出時間來。

這其實也是不夠看重所以不願意給時間的一種情況，只是這裡的不夠看重是無法了解事情真正的價值，只憑自己對事情的見（誤）解做出（錯誤的）判斷。

碰到這樣的狀況時，需要做的是重新審視這件事情在你心目中的重要性，最好找專家談一談，幫你釐清狀況。讓自己搞清楚究竟是自己不夠看重還是真的不需要看重，如果是前者就開始調整行事曆，是後者的話也能讓自己斷了那種想找時間做但又擠不出時間的懸念掛心，一勞永逸的將此煩惱排除在腦外。

說了那麼多，其實我想說的很簡單，如果你真的很想很想做某件事情，而且真心認為那件事對你的人生很重要，你就會設法排開其他事情，把想做的事情納入行事曆裡了！

書讀不完，有資訊焦慮怎麼辦？

這幾年開讀書方法課程，經常有來上課的夥伴問我：「買的書太多，書讀不完，有資訊焦慮怎麼辦？」

如果時間夠多，我就會跟他講一個故事。

當年我剛考上台大社會學研究所，入學後，因為課程助教工作，選了孫中興老師在大學部的社會學理論課程助教，因此前去老師的研究室，洽談工作細項。

至今我仍記得第一次打開孫老師的研究室大門，看到孫中興老師的龐大藏書時（當年台大社會系的教授研究室，每一間有十一坪大），研究室兩邊全都是從天花板到地面的書櫃，甚至還有國外電影中才看得到的取書樓梯。

當下被藏書畫面震懾，然後不免俗地脫口而出問了一句說完後隨即自己覺得很蠢的話：「老師，這些書您都看完了嗎？」

答案當然是沒有，不可能，況且也不需要。姑且不說這世界上有一種名叫藏書家的生物，買書是為了典藏而不光只是閱讀，身為學者，藏書有相當大的程度是作為研究資料而存在，特別是孫老師擅長的版本考證，常常一本書會有各國語各時期的版本，還有關於某本書的研究資料，還有相關的字辭典等協助研究工作進行的工具書……。

簡單來說，書並不只有拿來讀且非得讀完一條路，書還能收藏，或是做為資料的考證與比較等用途。

再好比說字辭典、地圖、年鑑、期刊等類型的工具書，是為了協助使用者解決問題而存在，並不是為了拿來讀。

說起來，我們一般人之所以會產生「書非得看完」的焦慮，極有可能來自於求學時期的填鴨考試教育的制約。

在學期間，每個學期一開始，老師就會發放各科的教科書，爾後上課就是講解固定比例的進度，定期考試，學習末了，各科的教科書全部講過一遍，且我們的任務就是把書上的知識全部搞懂原理或是乾脆背下來。

當我們從年幼時就覺得非得把教科書上的每一個字句段落都背起來，且最好能夠次次科科考試都考一百分時，不知不覺間也養成了讀書非得全部從頭到尾讀完，且一字不漏地記住才叫做讀完一本書的壞習慣。

真正對人生有幫助的書，很少是在學期所讀的教科書，而是其他作品，這些作品用講故事或講道理的方法，將作者所要解決的疑惑解釋清楚，讓讀的人也能從中領略作者的想法與觀念。真正重要的是透過閱讀作品中的文章，解決了我們的疑惑，甚至能將書中的觀念或方法用到生活中解決人生問題，而不是把書一字不漏地背下來。

再者，很多書並不需要從頭讀到尾，只需讀其中的某幾個章節已經足夠，甚至是從一本書中抓出一句對自己最有感的話語，能夠在人生中去改變一些錯誤觀念，也就夠了，沒有白讀這本書。

錯誤的閱讀方式與觀念，造成了許多人從學校畢業、從填鴨考試教育解放後，就不再閱讀的情況，因為一想到讀書就得要讀完，這種不自覺的潛在焦慮，制約了我們的內心！

我認為，解決書讀不完就會焦慮的方法，絕非放棄閱讀，而是要掌握「以終為始」的閱讀技巧。

簡單來說，就是根據自己的閱讀目的（待解決的問題），反向設定閱讀清單，只要讀了有收穫或能幫助自己解決問題就好。

另外，根據閱讀目的，幫自己手上的圖書建立分類系統（例如工作用、休閒用），透過分類的方式將自己手上的書，打造出一個自己專用的書籍分類架構，以自己的分類架構來歸檔所擁有的書，慢慢你會發現，在同一主題底下的不同書之間的橫向串聯網絡的豐富多元性，也就是說，書架上的書貌似一本一本各自獨立，其實卻又能和其他一些書建立關係，發展出雖龐大而有系統的一個知識地圖網絡。

擁有知識網絡有什麼好處？

到那時候你會感受到，書不用讀完真的沒關係，因為書是怎麼讀也讀不完，原本每一本書上的知識，好像都能和其他知識發展出新的連結，知識與知識之間的關聯有無窮可能，書因而不會也不需要讀完，反而會越讀越多。

因為當我們讀了夠多的書，我們腦中會自動串聯許多知識觀念，發展出自己的一本書，這本書不是封閉的，而是可以隨時添加刪修的，是動態發展的，是越來越豐富的。

當有一天你真正體會到讀書是為了豐富大腦與人生的理解，讀書是為了把書裡的知識活用出來（知識的再生產），重要的不是輸入並記得，而是在需要使用的時候從大腦中快速而正確的提取出來時，你就會擺脫書讀不完的資訊焦慮，因為你對於知識的關注焦點已經不再放在吸收擷取而是整理消化後的應用。

當觀點改變，注意的重點就不一樣，資訊焦慮自然就會解除了。

讀書是為了生產知識來解決問題，不是為了把知識書入大腦儲存起來不會忘掉。懂得讀書真諦的人不怕遺忘，因為，如果忘了，那就再讀一次就好。讀書人怕的是不會分辨書中所呈現知識的真假？不知道怎麼使用知識來解決問題？不知道如何生產知識？

最後簡單談一下，如果你是家裡堆很多書會被家人以嚴厲眼光斥責者，可以怎麼回答以解套？

建議您不妨這樣對家人說：「書櫃上的書單，是大腦心智的具現化與實物延伸」。

書籍的累積與分類堆疊方式，其實是一個人對於腦中的知識地圖的建構／描繪／想像的集結組裝的具現化，你的書櫃基本上反映你的大腦構成模組，也就是你的思想與知識能力的展現。

想讀的書，一定要自己掏錢買

我的買書人生約莫是從大四開始。

每周四從輔大搭公車去公館逛書店，買一些自己喜歡或覺得會想要讀的書。那是知識系統正在開展的年紀，很多東西懵懵懂懂但都頗有興趣。

一轉眼，逛書店賣書人生也超過二十年，二十年來反覆不斷地逛書店買書讀書甚至賣書寫書教寫書與教書，工作與生活還有興趣都跟書分不開。

書真的很有趣，每年花在買書上的費用也不容小覷，長期維持在六位數。因為我有一個觀念，那就是自己真心想讀的書或想學的知識，一定要花自己的錢買下書（或課程）來讀。

不能只是讀人家送的書。

我的寫作工作中有約莫七八年的時間，大量密集的寫書評或書籍介紹，正式文章寫了上千本，當時，每個月都會收到很多廠商寄來的公關書，希望可以被我撰寫推薦文。

寫作高峰期，書店當月新書櫃位上有一半的書我都讀過，寫過介紹的也不算少。

老實說，一開始我覺得很棒，有免費書讀還有稿費賺，但後來我發現，我花很多時間讀未必那麼想讀的書，卻反而排擠了自己真心想讀的書。

我得先澄清，並不是說那些沒那麼想讀的書不好，那些書大多很棒（不然我也不會選來寫推薦文），但未必跟我想要長期閱讀的主題有關，適度的當成工作來處理也不是不可以，只是，回頭來看，有不少書讀完寫完介紹之後也就忘記了，因為不是自己真心想要讀或需要讀的作品。

不過，我也知道，身為職業作家，又是靠寫書評書介起家的人，不太可能推掉這類工作，實際上到如今我偶爾也還是會寫，只是數量少很多，關鍵在於我不再拿一大堆免費公關樣書，我想讀的書我會自己花錢買，包括我想寫文章推薦的書。很早之前，只要我開口甚至不用開口，都會有很多免費的書可以拿。

一來是出版業很辛苦，能夠多買一本支持是一本；二來我真心相信，想要好好記住這些書上的知識並為己所用，花自己錢買是關鍵。

就像後來開始接一些課程訓練案子或演講，我發現如果是公司出錢免費讓員工來上的課程，學習效果就是不如花自己錢報名的人。

行為經濟學說，人都討厭損失，會設法規避損失，花錢是一種損失，因為錢都是我們辛苦賺來的，花錢會讓人感到肉痛心疼，但也因此，當錢花出去時，我們會希望有所值甚至物超所值，且買之前會貨比三家或好好審慎思考，這樣的態度，放在閱讀或學習上，正好跟認真尋找自己的問題意識，找出待解決問題與可以解決問題的書來讀相吻合。

掏錢買下了書之後，書也不能退，只好認真讀完，甚至用在改善工作與生活，好把錢賺回來，因為我們不喜歡損失且喜歡有賺的感覺。

我還發現，送書給你覺得需要這本書的人，對方未必會感謝，因為他可能根本不覺得自己需要讀這樣的書，所以，可能收到書的時候說聲謝謝，之後就拋在腦後，忘了自己有這本書。

讀書這件事情，其實從來都是自己的事情，只是在我們懂得讀書對人生真的很有幫助這個教訓之前，有太多為我們好的人告誡我們讀書很重要，甚至掏錢幫我們付了學費或買書的錢，讓我們得來太輕鬆容易而忘了珍惜，連同也忘了珍惜讀書的寶貴。

如果想要重拾讀書的興致，想從書上真正學到可以致用並且改變人生的事情，建議您不妨每周末撥一點時間走訪所居住城市的大型書店或獨立書店，看看書店的新書，挑一兩本覺得跟自己現在的人生困境有關聯的主題的書，買下書，回家或找個安靜的地方，讀讀看。

如果不方便逛實體書店也沒關係，網路書店也很方便，從臺灣開始有網路書店之後，我除非人在國外或特殊情況，每天早上都會花一點時間瀏覽新書資訊，說真的，光是長期大量閱讀書訊，也是很棒的收穫，當然如果看到喜歡或有感覺的書，那就加入購物車，買回家來慢慢讀。

某種程度上來說，我的人生若還算有累積一點小成就，都是因為年少時就開始讀書且養成讀書習慣，長期大量閱讀所累積下來的成果。

花一百萬買一台車可能不算什麼，很多人的人生中都有機會買，但是，應該沒有太多人的人生會花上一百萬買書並且讀完之（一百萬大概可以買四五千本新書，如果上二手書店挑書那可以買得數量就更多了），但我相信，如果願意選擇這一條路的人，人生肯定可以碰見許多精彩的思想與解決人生方法的優質工具。

當孩子進入密集發問期，父母的反應方式決定學習素養的成敗

不管有沒有生小孩，應該不難發現，三到五歲的小孩，往往變得很愛問問題，對什麼都充滿旺盛的好奇心，纏著身邊的大人問東問西，且往往得到答案還不滿意或只能安靜一下子，接著又繼續問，堪稱是執行連問5 Why法的達人。

當孩子進入密集提問期，父母或身邊大人的回應方式，將會大幅影響孩子未來人生的思考與學習能力，是件不容小覷卻常被忽略的大事。

我先說一下，大人面對小孩頻繁發問常見的三種回應態度：

首先是直覺地給答案，自己知道的就說出答案，不知道的就看情況發出拒絕訊號。

第二種是一碰到問題找上門就直接拒絕，要小孩不要吵、不要煩、不要鬧。

或許有些人覺得第一種至少比第二種好，但其實，有些時候第二種反倒比第一種好，如果孩子後續自己處理拒絕訊號的方法剛好選對了的話。

第一種是多數大人的直覺反應，根據我們過去的主要學習方式（填鴨教育），自然的

會去回答問題，給提問者一個答案。提問者也因為得到答案，問題好像（暫時）被解決而沒有接著問。

然而，問題其實並沒有被解決。

第三種是最好的方法，卻可能是最少人採用的方法。那就是反向對孩子提問（你覺得答案會是什麼？），鼓勵孩子自己思考並且尋找答案，在孩子自己尋找答案的過程，給予必要的輔助，最後如果孩子真的找到答案，鼓勵他的認真與努力（但絕對不稱讚孩子聰明）。

第三種方法最好，而我之所以覺得第二種直接回絕未必不好，是因為被拒絕的孩子可能會自己試著找答案，意外撞見學習思考與自己找答案的方法。

並且，第二種更接近出社會後的真實狀況，沒有多少人會良善有耐心地給答案，給碰軟釘子的反而不少。

其實，小孩之所以進入密集發問期，是因為大腦發育過程到了腦中的資訊可以互相串連，設法講出一些什麼的時期，然而，想要講出一些什麼卻好像又欠缺部分資訊，於是就開始發問。

孩子發問，未必有預期從被問者那邊得到正確答案。發問只是求助的一種方式，直接給答案看起來很合理，其實卻不是唯一且不是最好的方法，給予孩子必要的引導讓他自己找出答案，記得這整套找答案的過程，才是對孩子的將來最有幫助的事情，並且，是對大人想要省掉不斷回答孩子問題最好的方法。

孩子之所以一直對大人提問，是因為大人多數時候都能給出答案，既然有這麼方便的工具存在，孩子碰到不懂的事情自然就會對其提問。

然而，我前面提到了，孩子一開始並沒有預期會得到什麼樣的解決問題方式，所以，如果不給答案而是給讓孩子自己找到答案的方法，孩子也可能接受並且採納，而學會自己找答案的孩子，以後可能不會再需要頻繁的麻煩大人，只有偶爾闖禍或是真的卡住才會來問。對於工作已經忙碌疲憊不堪的家長來說，反而是一勞永逸的方案。

也就是說，當孩子進入密集發問期，首先要教給孩子的是思考與解決問題的方法，而不是給答案。

直接給答案比直接拒絕發問期的孩子更糟的原因是，破壞孩子原本可以趁此機會養成的好奇心與觀察力，阻斷了孩子發展大腦的自由聯想能力，會嚴重影響孩子將來的學習意願與能力，且讓孩子過度仰賴大人給的正確答案。

引導孩子自己去解決問題，才是最好的解法。孩子發問並不是想要得到答案，單純只是不懂與好奇，此時的孩子並沒有非要怎麼做不可的標準。

父母給孩子的，就是將來他面對問題的解決方案。想讓孩子成為一個會自己解決問題的人，還是老是依賴大人給答案的人？可以好好思考。

引導孩子讀書的方法，影響孩子未來的思考能力

說了這麼多，或許有人會問，那麼這個跟讀書有什麼關係？關係可大了！

現在有不少父母家長都會安排孩子讀童書的時間，對吧？讀童書的時候，孩子們如果碰到不懂的地方發問時，父母會怎麼做？直接告訴孩子答案，還是鼓勵孩子發揮想像力？

這裡面就藏著引導孩子心智往不同方向發展的關鍵。

我曾經聽說有一些父母把唸童書當成給孩子的功課，每天時間到就叫孩子拿一本童書大聲唸，唸完就算了事。

這種把讀有趣的童書當成功課的態度，只怕孩子長大以後會痛恨書，因為他會痛恨當初讓自己每天都得唸的書。為什麼不會痛恨大人？有可能也會痛恨大人喔！

就算只是唸同一本童書，後續引導方式的差異，孩子的學習效果將會大不相同。懂得引導孩子說出書裡的寓意和啟發，甚至讓孩子藉由手上的書聯想出新故事的家庭，孩子未來的聯想與創造能力應該都會比只是單純唸完書就結束任務的孩子高。

不要只讓孩子讀繪本童書，還要給孩子讀大量的圖鑑

既然講到讀童書，那就再加碼多講一點。

不少家長父母讓孩子從小就讀童書，自然有讓孩子透過有趣故事多學一些字彙與表達能力的想法在其中。畢竟，這也是多數人增加字彙與知識來源的方法，書籍是重要的社會化媒體。

不過，真正對孩子開發大腦有幫助的作品類型，除了童書之外，還有一種很重要，那就是圖鑑。

如果說，童書偏向（廣義的）文學或人文類知識涵養的學習與累積，是孩子初級社會化

的重要工具；那麼，圖鑑就是偏向非文學類或科學類知識的培養與累積。要增加孩子的系統性知識與表達能力，認識世界並且能找到合適相對應的字詞表達自己的想法，圖鑑的幫助可能更大。

圖鑑書通常每一個跨頁是一個單元，在這個跨頁裡會有該單元主題的必要元素的字彙與圖像，還有簡單的定義解釋。有些圖鑑還會透過必要元素的排列組合方式，呈現出元素彼此之間的關聯性，讓讀圖鑑者可以一口氣掌握該主題的必要知識，這是擴充孩童（大人其實也是）知識系統的基礎字彙的有效方法。

所以，過去如若碰到關心孩子教育與學習的父母問我：該給孩子讀什麼書？除了大多數家長都會給孩子讀的繪本，我通常還會加碼推薦圖鑑。

如果說，既有繪本啟發的是文學或抒情領域的大腦，那麼，啟發科學與思辨方面的就是圖鑑，或者可以ＤＫ稱呼之（ＤＫ是國外一家專門出版各種圖鑑型百科作品的出版社）。

買繪本給孩子讀的同時，不妨也挑幾本ＤＫ混雜其間，這類圖書同時有文字與圖像，甚至還能有聲音與影像（可能要借助數位科技的連結），且是在同一主題底下蒐羅所有必要核心資訊建立成架構性地圖的方式呈現，對於孩子的大腦發展，非常有幫助。

帶著孩子讀書，碰到孩子提問時引導孩子透過思考方法找答案，培養孩子盡早養成自己思考自己找答案的方法，且讓孩子累積一些自己成功解決問題的經驗，我相信，沒有意外的話，孩子將會成長為一個懂得自學方法、熱愛學習，且擅長解決問題的大人。

掌握市場新書內容的快讀秘訣：擴充知識庫，篩選必讀書單

本文介紹一個我自己的獨門閱讀秘方，幫助大家在繁忙的日常生活裡，擠出僅有的時間，快速閱讀，並且掌握重點。

唯一先決條件就是，必須每週有逛書店的習慣。

另外，這裡所談的書以非文學類為主，文學作品（特別是小說和詩，不在此類。散文則可以看狀況使用）。

還有一個先決要件，破除以「本」作為閱讀書籍的基本單位，改用「閱讀主題」（概念）、「章」、「節」做為閱讀參考。

先說閱讀主題，以我自己為例，大約有趨勢觀察、臺灣、日本、流行時尚、建築設計、品味家居、心理勵志、基督教、哲學、社會學、歷史（社會史、文化史為主，國別史為輔）、中國研究、文化研究、消費研究、傳播研究、圖書出版相關、特定作家之小說散文、國別現況觀察等等。每一種閱讀主題都有固定追蹤的閱讀書單，並且彼此交錯連結成一大份

閱讀地圖，並看狀況隨時納入新的主題。

有了自己的閱讀主題後，選擇固定時間進入書店（通常我都是週五下午或週六中午去逛書店，每週至少一次。除此之外，每天早上瀏覽網路書店上出現的新書資料，記錄下和閱讀主題相關的新書，以供屆時到實體書店參考）。

進入書店後，先逛新書平台區，通常大型書店新書平台會按書籍類別陳列新書和暢銷書，約有八大類，通常大概是一個平台有四類，一家書店至少會有兩個新書平台。

逛書店時可先參考這些新書平台區，看看哪些書是這週新出線的，哪些是上週（甚至更早的，通常在新書平台區擺的越久的書，代表它賣得越好，週轉越快，書店捨不得將其撤到分類書區平台）。

通常我會先看看沒在網路書店發現的、和我閱讀主題相關的新書。之後再看那些我在網路書店已經按照書名文案等資料判斷後認為可能有興趣的新書。

拿起新書後，我會先掂掂其書的紙感，看看版權頁，看看全書總頁數、正文總頁數、廣告頁數、定價、封面設計、開本、文案、出版社，大概判斷一下這本書在該出版社的預期定位，還有書籍定價是否符合該書的（包裝）價值。以上是職業需要，一般讀者除了看正文、總頁數，換算出平均頁單價以計算該書是否偏貴以外（這是用來判斷一本可買可不買的書是否要買，如果書的內文排版寬鬆，紙張又厚，推薦序廣告頁章名頁一大堆，定價又高的話，除非是像《小王子》那種經典，否則我建議在書店看看就好），不需參考那麼多資料沒關係，只要看該書主題是否和自己閱讀主題相關，再參考書籍文案，判斷自己對該書的興趣程度即可。

我會建議，為了培養書感，只要是在你閱讀主題內的新書，都拿起來翻翻看。臺灣雖然一年出版四萬本書，但進入書店販售的約莫兩萬，兩萬除以52週，一週的新書其實不到三百種，再扣掉一些你不看的書、和你主科無關的學術書、語言工具書、字典、童書、參考書等等，通常稍微有價值的新書，有七八成都會出現在大型旗艦店的新書平台區，只要有持續逛書店，逛新書平台區的習慣，大致上不會錯過什麼值得一讀的好書。

拿起書後，直接看目錄，目錄閱讀法的好處我在前文講過了。一本書的目錄就是它的索引和架構，也就是地圖（如果一本書連目錄都不引人入勝，那麼不是作者太遜就是編輯該打屁股。現代讀者都很忙，出版社編輯應該幫忙將每一章節的重點濃縮放在目錄上，方便讀者參閱。別說國外沒做如何如何，臺灣現階段就是有做這個的必要，時報NEXT書系可當其中範本，大小章節標題羅列清楚）。

只要是你持續關注追蹤閱讀的主題，光是看作者資歷、文案簡介再加上目錄，大概已經可以將手上的新書歸類進你自己的主題閱讀地圖裡了。

這時候，從目錄中挑選一個你最有興趣的章節翻進去看，看的時候只要讀第一段以及每一段的第一句話，然後不斷跳讀翻閱過去，直到最後一段結論在完整的閱讀，通常就可以掌握該張的主要題旨，論述開展策略和所舉的個案，以及論點是否能夠引起你的欣賞了。如果看了一兩章覺得不錯，便可以考慮買下。若不是很急著買或不是很有興趣的主題（或者沒錢），那我建議回頭去讀該書的第一章和最後一章，抓出作者的問題意識，核心論點，開展論述的方法論和引述的觀點學派，最後結論等觀念，就可以闔上書接著看下一本。

通常，只要持之以恆的逛書店，一週一小時左右，就可以瀏覽完所有你有興趣的新書，並且掌握住那些新書中的重要觀念。

當然，前提是你的腦袋裡必須有一份屬於自己的閱讀架構，知道每一本新書要納入哪個區塊裡，這些新書中的論點你是否贊成？原因為何？是否和你之前讀過的哪些論點相合／違背？是否可以應用到自己（包括臺灣社會）身上。

瀏覽，閱讀，歸納，整合，反思應用，跑過一次流程，大概就可以掌握住新書的內容了。

現代社會書籍，已經不是過往中國士大夫所講的那種書，現代社會的書很多只是存放知識的地方，所以不必凡書通讀，只要挑自己需要的讀。至於自己需要的也不必一出版就讀，喜歡的可以買下，然後等有需要時查閱即可。

閱讀其中很大一個目的是為了解決人生疑惑（工作、愛情、生活、生命……），你必須去駕馭書，讓書成為解決你問題的工具，而不是讓書淹沒你，這才是真正的閱讀之道，那些藏書家嗜書癮君子不過是另一種戀物癖而已，是精神官能症，千萬別惹上這毛病才好，否則勞民傷財還會破壞家庭和諧。

你問我一般人理想藏書大概是多少，我覺得五百一千不為過（大概兩座書櫃而已），至於自認品味高或者從事和文字思想閱讀有關的，我想最多也不要超過五千本，免得坐擁書城，卻困在圖書之中，忘卻了人，而人，才是許許多多的書及研究關心的重點，不是嗎？

希望大家都能夠讀得開心愉快而且沒有負擔！

「以書找書」讀書法

我在讀小山薰堂寫的《練習幸福工作》時，才從書中發現，小山薰堂先生竟然也還是「熊本熊」的重要推手。由於讀到這個訊息的關係，原本猶豫不決，不知道該不該買回來讀的《我是熊本熊的上司》一書，隨即上網採買了，因為我很佩服也相信小山薰堂先生的創意力。小山薰堂先生除了是知名電影《送行者》的編劇，還是知名美食節目《料理鐵人》的編劇，在日本是非常活耀的創意人。

在文章開頭提起這件事情，我想說的倒不是小山薰堂的豐功偉業，而是關於讀書這件事情的一點小訣竅：以書找書。

上大學，開始接觸學術書之後，常常會翻讀參考書目，挑選覺得有興趣的書單，作為該主題的延伸閱讀，一本接一本的讀下去。直到在該領域裡大多數的參考書單都讀過時，也就大致掌握了其知識系譜的概況。這是一種以書找書的方法，適用於有特殊主題的時候。

另外一種比較自由聯想式，單純在讀某一本書時，意外撞見了書中介紹的某本書或某個作者，因為書中的介紹很有趣，所以去找來讀讀看。某種程度上來說，這算是一種超連結吧？透過書籍作者的文字介紹，認識了一本還沒讀過但可能有興趣的書。

其實每一本書裡都充斥了與其他書進行超連結的訊息，無限可能的向外擴展，最後形成一張超級巨大且無人得以完全掌握的知識之網，每一個讀者都只能在這張網裡面掌握某一些部分，每個人所掌握的部分都不一樣（但也會有部分重疊），且再從自己所閱讀的訊息中，再重新組合出新的訊息／觀點。

懂得從大量的訊息中挑出自己需要的觀點，重新排列組合，呈現給世人，是未來時代必須的重要能力。如今的世界，並不欠缺資訊或知識，欠缺的是以正確的提問方式，將問題串連組織起來的切入點。

每次開出版提案課程時，我都跟想出旅遊書的學員說，你的旅遊書必須讓人讀了之後產生想要跟著書玩的衝動，且實際跟著執行後真的能感到滿意／驚訝才能算是成功。最重要的是，你書裡提供的玩法必須真實而且獨特，有別於其他旅遊書作家所提供的玩法。這套玩法的提煉，就是從眾多旅遊訊息中歸納而得的結果。

知道如何以一條有趣的軸線串聯龐雜訊息者，是未來主導世界運作的贏家。

附帶一說，做父母的想要培養孩子閱讀興趣做好的作法，也是以書找書。每當孩子讀完一本書時，問問孩子對該書的感想，找出孩子最感興趣的部分，針對這個部分，找來下一本書給孩子讀，以孩子感興趣的部分逐漸累積出孩子對閱讀的熱忱與習慣。

另外一個練習，是同時給孩子兩本書（隨意任選或刻意挑選皆可），讓孩子讀完之後，請孩子找出這兩本書中的共通處，並解釋給你聽，指出讓他覺得兩本書有共通處的所在。這也是訓練孩子串聯書籍訊息的方法，對於協助孩子對閱讀產生興趣或以書找書，頗有助益。

如何找到自己需要的書來讀？

好書太多，時間太少

隨便走進一家書店，都會被琳瑯滿目的各式圖書商品震懾。臺灣每年出版三四萬種新品圖書，如何在這弱水（超過）三千中，取自己需要／合適的那一瓢飲用，實在需要一點方法。

雖然說買錯一本不合適的書來讀不過是幾百塊和一個晚上的浪費，但若老是買到不合適的書，也頗令人沮喪，更可能弄壞讀書胃口。那麼，如何在茫茫書海中，找到那本適合我此時此刻需要的書來讀？

多逛書店，勤閱報刊

首先，必須養成逛書店（網路書店）、看報刊雜誌的習慣。書店定時推出新書、主題書展、特惠活動；報章雜誌的副刊或藝文單元，則有好書推薦、導讀或書評等欄位，邀請專家學者或文字工作者針對各類型圖書提出深入淺出的介紹。定期逛書店再配合報刊雜誌的圖書介紹，大致上能夠掌握市場上重要新書的類型和主要內容，足以做閱讀選購的判斷。

長銷書與暢銷書

但是可能有些人沒時間逛書店、看報紙，或者逛了看了還是不知道怎麼選？特別是剛對閱讀產生興趣的讀者。這時候「暢銷書」、「長銷書」則是不錯的選擇。暢銷書就是市場上當前最熱賣的圖書。

按照筆者多年來對臺灣圖書市場的觀察，暢銷書中，有不少是值得閱讀的好書，濫竽充數或者只靠名氣衝上暢銷排行榜的，僅止於特定類型之圖書商品（例如偶像明星書）。

至於「長銷書」，多半是從暢銷書中產生，長銷書幾乎青一色都是優質作品。上述明星書幾乎不見長銷（雖能暢銷），但市場上有一些叫好又叫座的長銷書，非常值得初對閱讀有興趣的朋友閱讀。

主題、現象、關鍵字

暢銷書不難找，書店裡肯定滿滿都是。長銷書則不一定，如果沒把握找到合適的，可以找父母、師長、教會牧長、學長姐或者身邊較善於閱讀的朋友推薦。

不過，要請人推薦閱讀時，必須告訴對方足夠的資訊。例如，自己的興趣、專長。過往閱讀經驗。為什麼要「讀」書？希望讀怎麼樣的書？希望透過讀書解決什麼樣的問題？有了主題方向、知道狀況後，比較容易推薦閱讀。

舉例來說，教會團契／小組裡來了一個非常渴望認識信仰的慕道友，但卻不知道該讀什麼。或許我們理所當然的提到聖經。然而，聖經那麼大一本，像是個上帝圖書館一樣，連弟兄姊妹都讀的痛苦萬分，時斷時續。若能根據對慕道友現況，推薦適合他現在閱讀的聖經章節和順序，或者再加一些比較有趣生動或者系統的輔助閱讀（例如《荒莫甘泉》當作每日靈修伴讀，《標竿人生》當作睡前自我潛修，《天路歷程》當作信仰生命的理解），肯定能夠力上加力。

網路部落格

如今網路無遠弗屆，又被稱為新部落時代。人們得以透過網路打破地域限制，按照興趣嗜好建立社群團體。若真的再不知道怎麼找書來讀，可以上網去google一下，把你的關鍵字丟進去，一定會跑出一堆網頁。其中某些部落格或者網路社群裡，一定有你所需要的高手，能夠替你指點迷津。

試著利用網路，跨出時空限制，找到你所需要的社群，找到那位願意和你分享且懂得你現在需要的夥伴，請他替你推薦書單，然後循序漸進，靠著上述諸多方法輔助，慢慢摸索出屬於自己的找書方法。相信假以時日，肯定能夠建立一套尋找合適閱讀的方法，而不再需要依賴暢銷排行榜、他人的推薦或名家背書，就可以找到在弱水三千中舀到自己那一瓢來飲。

關於挑書，請勇於自己嘗試且容許自己犯錯

大概是長年對外宣告自己熱愛閱讀，撰寫大量書評書介，也經常在部落格跟社群網站上推薦好書，更開辦主題讀書會與閱讀課程，因此，一直以來，經常會被問及的一個問題就是：「我對××主題有興趣，可否推薦幾本書給我？」

雖然我會公開介紹一些書籍，但主要是因為我自己讀了喜歡覺得好或是工作上的需要，受眾是不特定大眾，寫下我覺得值得推薦的理由。

通常看到文章的人，未必會接受該理由並選讀該書，所以寫下這些推薦書的推薦文時，我不會太擔心對方是否會被我的推薦影響。那些文章更像是一個自我探索過程的紀錄，而不是給特定誰的建議！

不過，如果是個別的人，明確的詢問我，要我推薦具體書單時，我通常會拒絕。

因為，我不知道我認為合適的書，對於眼前這個人是否適合？

我不希望我覺得好的書，對方看了反而覺得挫折，畢竟雙方對於好的認知並不同。

除非我對這個提問者有更多的了解，加上對方的需求十分明確，我才會考慮給予明確的書單。

因為就像書應該自己讀而不是找人幫你讀一樣，挑書也應該自己來，不要太仰仗別人的推薦！

取而代之的是，我會推薦一套自己挑書選書的方法給對方參考。

如果是面對完全陌生的領域，通常我會推薦對方，先去找一個藏書多的圖書館或書店，到該主題領域的書區，逛逛書架上的書，找該主題的歷史類或概論類的書。

舉例來說，如果對社會學有興趣的人問我，可以讀什麼書？

我會請他去社會學領域的書區，找一找社會學概論或社會學思想史之類的書。

找到之後，自己翻讀幾頁看看，如果覺得看得懂或有興趣繼續往下看，那就是適合當時的自己的書。

不要管別人對這本書的評價如何，只要當下的自己有收穫且能往下讀，甚至讀完後還能透過這本書找到其他的延伸書單繼續往下讀，那就夠了。

或許有人會質疑，那讀錯書怎麼辦？

說實話，這是另外一個常見的閱讀迷思，怕自己浪費時間讀到不好的書。

電影春嬌與志明裡講過一句很有道理的話可以借用在此：人的一輩子很長，難免愛過幾個爛人。

人的一生，讀個幾本不喜歡的書，說真的並不會怎麼樣，最多就是浪費幾個幾百塊或是幾個晚上的時間。

對於所謂的爛書，其實我有更正面的看待方法。

首先，某些人覺得爛的書，對你來說未必是爛書，那是因為他跟你的知識水準不同，對於覺得爛的人來講，指的是那些書的內容他都已經知道或覺得太簡單，所以覺得不足以推薦。

這個情況時，那本書並非爛，只是那個說爛的人不是其目標讀者。

每一本書都有自己設定的目標讀者和守備範圍，如果不是原本設定的對象來讀可能會出現並不正面的評價。

其次，是真的很糟糕的爛。

在我看來，能讀到這種書更是值得開心的事情。一個人要表現自己的閱讀素養或思辨能力，可試試看能否挑出書中的錯誤並且明確批判或駁斥。

也就是說，能夠分辨爛書並且說出讓人信服的理由時，代表一個人分辨資訊真偽的能力達到某種水準，擁有這種知識水準的人，未來人生肯定不用害怕碰到糟糕的資訊荼毒，畢竟這個世界上糟糕的資訊，藏在書裡的反而少，藏在日常生活裡的反而多。

至於看不出書籍資訊哪裡糟糕因此希望比自己厲害的人推薦書單的心情，我能理解，但是，這樣會產生一種依賴狀態，不自己去鍛鍊分辨資訊的能力，只希望別人幫自己找好作品，那麼，是否沒有別人推薦自己就不讀書了？

要知道，那些可以有資格推薦書或被信任的人，過去的人生可能就是自己不斷閱讀，不斷試錯之後，才培養出一套判斷書籍內容優劣的方法。

好比說我自己，每年還是會買入並讀過一些覺得並不值得買或讀的書，但我認為，這些試錯的過程有其必要，也可以回頭想想，當初是什麼東西吸引我選了讀完之後覺得不值得讀或買的書？又是哪些地方讓我覺得不值得？

這裡面，其實也有很多值得探討與書寫的部分。

不覺得讀書這條路上，能自己練出這套能力是很厲害的事情嗎？

如果還是害怕接觸糟糕的書，其實有幾個簡單的輔助檢驗標準，提供給大家參考。

當你從書店或圖書館挑到自己覺得有興趣有感應的書之後，可以上網查一查這些書的評價。如果是你很相信的人物都推薦，那大概就沒什麼問題。如果都不推薦，那你就考慮換一下。如果有褒有貶，那就更好了，代表書裡的內容能引發更多看法與正反雙方意見，好的作品通常沒有定論，而是刺激思考並讓讀者自己聯想出更多可能性。

除此之外，你可以看看這本書的版權頁，如果是信得過的出版社出版的書，或是該書作者的學經歷與出版資歷都不錯（出過很多書是一個不錯的指標，代表經得起市場檢驗），以及版權頁的銷售版次，如果賣得不錯的書，通常也許內容簡單一點，但必定有可觀之處。

不要太相信大神或知識菁英的評論，這些人的知識水準通常比較高，對於書的好壞的評價標準也比較高，如果您是新領域的初入門者，最高等級的神人的推薦或不推薦的參考價值不大，還不如勇敢一點相信自己的直覺，以自己看得懂得為優先，給自己一些犯錯的空間，不要怕選錯書或讀到不好的書，只要願意持續讀下去，有一天您一定能夠培養出自己分辨資訊真偽與批判劣質作品的能力。我認為這反而是最重要的閱讀理解能力。

每天出門前，花點時間讀篇勵志文章

基督徒每天早上都要禱告、晨更，默讀一段聖經，默想這段聖經的教導，然後向神禱告，交託訴說內心所求所想。

這絕非無稽之談，早已有許多人類學者與心理學研究發現其中的好處。讀經禱告這套儀式行為，可直接對潛意識下暗示，有助於個人內在情緒的「錨定」，得以穩住自己的心情和想法，且獲得正向力量的支持。當此人白天遇到工作上的挑戰與困難時，早上讀過的經文自然而然地浮上腦海，成為撫慰內心的支持力量。

也許你不是基督徒，但完全無妨礙使用這套儀式行為，強化自己的心理能量，不妨試著早上起床或者最遲開始上班工作之前，花一到五分鐘的時間，讀一篇勵志散文，甚至只是默讀幾句名言佳句（這類型的書籍坊間書店就有很多，可以任選自己喜歡的），反覆誦讀或默背起來，試著用文章讀到的佳句格言當作當天的生活指南，相信我，工作起來會格外順暢，碰到難以釋懷的麻煩也都能夠迎刃而解。

我自己每天早上起床都會讀一點關於心靈成長方面的書籍，然後再展開一天的工作，不得不說，真的頗有安定心神的效果。人心是極容易受暗示與影響的，在一天開始之際，先注入心靈格言，可以安頓煩躁的內心，振奮疲軟的心情，發揮定錨效應，將心情定在樂觀積極開朗的面向，讓人以好整以暇的姿態，開啟一天的活動。

萬一工作碰到挫折時，很神奇的是，早上所讀文章中的精華亮點就會跳出來，成為我們的安慰，甚至是克服困難的重要方法。

這件事情跟吃早餐一樣重要，也可以和早餐行程合併在一起，趁著等早餐的片刻空檔就可以完成，絕對不會（也不需要）占用太多時間。

當成被騙也好，試試看每天早上上班之前，讀一點自己喜歡的文章再出門吧！至少無論如何比帶著埋怨不滿的黑暗心情展開一天的活動來得好。

關於讀書，我的看法是，不怕沒時間，只怕沒有心。

一個人有多少時間，讀多少書。

養成每天讀書習慣，持之以恆的閱讀，就算少量也沒關係，絕對會比一時興起讀很多好。

以我來說，搭捷運如果要做三站以上，就會拿出書來讀，稍微讀個幾頁也很好，並且若是讀到覺得很有感覺的金句或重點，就停下來思考，將這句話放到心理反覆回想幾次，或在腦中以自己的話重新改寫，然後找個合適的案例或個人經歷與之串聯，將之納入自己的想法系統中，並且等待適當的時機，實際用用看。

我認為，每天都要讀書，隨時有點空閒就拿書出來讀。一開始不習慣可能會自己都感到害羞不自在，但其實養成習慣就好了。

人生需要養成的好習慣不多，運動、記帳，另外還有就是持之以恆的閱讀與學習了。

哪怕只有一分鐘也沒關係，哪怕只能讀一句話也沒關係，只要這句話能夠進入你心裡，在心裡反覆咀嚼思量，找出這句話對你來說的價值與意義，產生關聯，日後幫這句話找個可以實踐的機會，將這句話內化到生命裡，那麼即便只有讀到一句話，也很有收穫了！

雖然總體來說，我認為讀得書籍多很重要，但分散到日常生活中實踐閱讀來看，卻是有讀就好，未必一定要一口氣讀很多。

讀勵志書真的沒用嗎？還是其實不知道怎麼用？

閱讀市場上一直以來都有人貶抑勵志書／成功學。

由於我個人熱愛閱讀，不只讀被菁英追捧的高深的社科人文原典，也讀成功學勵志書，從雞湯系列到各種成功方法，多年來也讀了不下數百本。

客觀的說，的確有少數書寫得譁眾取寵，甚至訴諸怪力亂神，或是幫資本家轉移大環境問題（如後來被踢爆的《誰搬走了我的乳酪》系列，採購者多是資方，用來送給勞方或受雇者階級），不過，通讀諸多作品之後，我發現一件事情，這些書並沒有教人做壞事或沉淪墮落。要知道，某些文藝創作可是相當標榜黑暗思想，讀完讓人驚悚或開心不起來的也有。

成功學或勵志書，最少都是勸人為善，鼓勵向上，好的作品中，不只是加油打氣的激勵話術與故事，連自我強化鍛鍊的方法工具也有，且並非全無科學根據（腦科學跟認知科學的發達，提供了許多修身技巧的科學證據，認真的成功學勵志書作者是會努力研讀並用入書中，不會只是講漂亮故事而已）。

讀了勵志書卻沒有辦法產生果效，原因有很多，好比說勵志書中提到的方法是要在生活中刻意練習的，要以行動去實踐的，讀完就算了的人，自然不可能達成書中所應許的目標。這就好像上課學生不認真做作業，最後卻怪老師教不好，說起來也不太公平。

另外，成功一直是小概率的事件，特別是客觀意義上的成功（金錢財富累積到跨過某種門檻），因此，就算認真做了，的確也未必能達到書中應許的那麼好。

不過，我自己的感受是，如果願意認真做的人，也絕不會比一開始讀書時的光景還要差，至少是在往更好的方向邁進中。

於是我便在思考，為何一個勸人為善且提供鍛鍊方法的文類，會被社會上某些群體的人貶抑或嘲諷？

仔細想來，我發現有以下幾種情況：

第一，勵志書無法改變結構困局，甚至忽視結構面的困境，是以招致左派思想的群體攻擊，認為這種強調個人提升忽視「結構惡」的作品，其實是在鞏固既有的不平等。

以前我自己就是持這種意見者，加上有一些人的確是刻意被資本家吹捧來轉移環境問題的焦點，讓人只專注在個人能力提升上。

不過，這幾年我的想法有所調整，我認為思想是各有所長與所短，好比說左派強調平等，批判不平等與壓迫，鼓勵公民聯合以創造更好的社會制度和分配機制，這些都很棒，但是，左派似乎沒有談的一點是，個體要怎麼樣才能變強變好？甚至左派預設了個體的變強變好都是靠不好的手段，例如尋租或是走後門或是利益團體遊說。

也就是說，左派某種程度把強大個體妖魔化，但是，左派自己的意見領袖中有不少人就是強大個體，只是這些人不把能力用在自己身上，而是用在社會，但是，左派忽視的個人提升修練之道，也是事實。左派的想法是，只要制度變好，人就能集體向上提升。這未免是另外一種過度樂觀，因為實際上人類就是會有怠惰者，不管甚麼素質的群體就是會自動分成上中下（20/60/20）。

左派保障基本生存且希望基本生存權能夠日益提高，我覺得這很棒，但是，超級個體想要更進階，左派的思想裡能夠提供的只有制度面的鞏固，具體的個人鍛鍊的部分，老實說真的很少，而這部分大多藏在成功學勵志書中，也是傳統右派比較擅長的。

右派的缺點是忽視制度對弱者的傷害，天真的相信只要靠個人努力，每個人都能變強。但如果忽視這一點不看，右派當中的思想的確有不少是能夠提供個人變強的鍛鍊方法，我們可以只取這部分使用，而不需要連嬰兒跟洗澡水一起倒掉。

第二點，關鍵在課程而非書。

這是我開始從事教學工作之後的領悟，不少出版成功學勵志書的作者，是透過這些作品打開知名度來賣自己的課程。

因此，有些書只講上過自己課程的學員的成功案例，或找很多厲害的名人的故事跟自己的理論相套，用以解說自己的觀點成立，但卻不太提供具體的練習指導。

或是就算有把練習方法寫在書裡，也沒有具體檢驗練習方法的資料可以參考，光讀書無法判斷自己的練習到底對不對。

而且有一些人讀勵志書與成功學作品搞錯了重點，沉浸在那些讓人感動的名言佳句或美好故事，卻忽略了書中提供的鍛鍊方法，甚至根本不用用看，更別說反覆練習。

這個部分的克服方案有二，一是直接參加書籍作者的課程，跟著老師學，畢竟有些東西可能真的要手把手的學，光讀書是學不會的。

第二是多讀幾本同質性的書，將書中的方法工具的介紹說明的部分都抽取出來，接著再去找這些方法工具出處的作品來研讀，搞懂整套工具的使用方案。

好比說，成功學勵志書的鍛鍊方法有不少來自腦科學認知科學心理學習慣學與邏輯思考決策技巧，不妨找這些方面的作品，從基礎學門知識中找出自己的一套鍛鍊方法。

第三點，我認為是酸民心態作祟，也就是自我放棄的人，又不甘心於自己已經放棄，也想拖別人一起沉淪，所以看到努力的人就出言嘲諷，或是大肆賣弄失敗主義，講出各種努力之後卻失敗或無效的案例來打擊那些正在努力的人。

這一點是最為可悲的，因為自己選擇了不再進步，就也不希望別人進步，甚至把一切可能進步的鍛鍊方法都視為不可信，最後只是害人害己。

成功學勵志書，如果不斷練書中提供的方法工具，當成充電書讀也是不錯，畢竟人就是會有軟弱無力疲累而需要充電的時候，這時候，成功學勵志書的那種單純自信口吻往往能給人激勵效果。

不過，如果只是停留在充電就很可惜，那些書中的確有一些好方法可以用來改善自己的缺點問題，讓自己變強大。

我的建議是不妨多讀一些，挑出這些書中共同提到的鍛鍊方法，自己安排個一年左右的時間，好好強化書中所介紹的能力，再回頭檢視看看成功學勵志書的內容是否真如某些人說的不可信與一無是處？

第四，請挑跟自己性格與觀念相近的作品參考。

書讀得稍微多一些後你會發現，人生建言類的作品，同一個問題正反雙方意見都有人說，且都舉了成功案例說明，到底要信誰說的？

不少人會信成功人士說的，也有一些人會信賣得好的書所講的，另外一些人則是相信有學理根據的，不過，在我看來，要挑跟自己性格脾氣與原本價值觀就接近的。

舉個例子，假設你是冷靜理性精密計算型，那麼，熱血型的人寫的書的建議，參考價值不大，即便舉證說明全都完善，但是你的性格就是做不來書裡講的那些。

成功原就是屬於極少數人的事情，且存在倖存者偏誤，因此，成功學作品的使用方法，決不是誰說的做法和觀念都無差別的一體適用，反而得先從作者與讀者本身的契合度來判斷。

若能找到跟自己價值觀和性格都一樣的作者，閱讀書中的建言舉證時，屢屢產生一種我也是這樣的性格和觀念，做事態度也是這樣沒錯的心情時，這樣的書的建議是你需要認真看的，**認真進去讀出作者做到而你仍然卡關做不到的事情，那邊也許就是你需要花時間修練的部分。**

舉一個我自己的例子，當年我決定當職業作家時，看了很多國外暢銷作家的傳記，還研究了香港作家的方式，就是沒有參考臺灣作家的做法，因為我認為自己跟這些人的價值觀與文字工作看法差異很大。

村上春樹當年也說自己的文字受歐美文學影響遠大於日本文學，早年開始寫作時甚至先用英文寫再翻譯成日文，這也是脾性相近使然。

我不太建議一開始從成功學的書雜挑很多人的作品一起讀，或只抽取自己喜歡或做得到的部分來參考，那樣會讓自己不自覺地迴避掉真正該鍛鍊的部分，且會透過拼湊出自我感覺良好的一套敘述，自欺欺人。最後雖然書讀了很多卻仍然一點成功跡象都沒有，因為拼湊的過程中迴避了問題。

先全盤模仿和自己性格與價值觀接近者的作法，書中提到而自己沒做到的部分鍛鍊了之後的確有所成長，再慢慢往外擴大接觸範圍，甚至開始建構自己的一套故事，開始寫給其他人看，開始去影響其他人。

外國大神級作品已經很棒，需要讀臺灣的同質性作品嗎？

讀書多年，不時會有人問我，如果同一主題的作品有外文書跟臺灣人寫的版本，應該挑甚麼版本來讀比較好？

同時，也不時看到有人在抱怨，臺灣作家寫的同主題作品品質不如翻譯書，直接看翻譯書就好，幹嘛看臺灣作家寫的書？

這些人沒說出口的是，臺灣作家寫的作品比國外作家寫的差啊，幹嘛讀？

本篇的標題讀起來很刺眼，不過，對於出版品消費主力在翻譯書的臺灣閱讀界來說，這的確是一個必須面對且深思的嚴肅問題。

這的確是個大問題，可以分成很多點來談。

撇開那些單純只想標榜自己水準高，所以即便連他們口中嫌棄的作品都寫不出來，也沒打算了解臺灣作品為何比較次級的人不談，首先，國外的出版業有明確的產業分工，在作者的養成與寫書過程中的寫作支援都遠勝臺灣，因此，同樣主題的情況下，國外的作者寫得比臺灣好的情況很多。

其次，蠻多主題都是國外先提出觀點，且寫書人就是創立觀點者，東西好又正宗，很正常。

那麼，是否都看外國人寫的書就好？

這答案說對，也不全對。

以我來說，如果完全沒有基礎的情況下，讀外國的原始概念提出者寫的作品，會比較好，畢竟整套系統的定義到建構都是這個人提出的。

因此，完全沒有基礎的人想學一門新學科，我會請他先找外國作品來讀。

但是，如果你要把所學知識應用到臺灣而不是國外時，臺灣作家寫的書，則必須要參考，也是必讀，只是要讀的地方未必是觀念，而是本土案例與觀念之間的串接與應用部分。

無論你讀完後是否認同臺灣的作者書中所談的觀點或談的方法，但是，書裡會有針對臺灣的情況給出的建議和說明，也會蒐集臺灣的個案，在這個部分上，很有參考價值，只是容易因為看完且跟外國作品比對之後，在心中形成一種國外的還是比較扎實的讀後感，進而忽略了臺灣的版本中值得參考的部分，這是很常見的閱讀盲點。

類似的閱讀盲點還有像是國外作品中舉的例子都是世界級的案例，好比說網路行銷一定會談到臉書之類的大品牌，讀起來很過癮，也的確很有收穫，但這些案例是否能夠直接橫向移植到臺灣這種國土民情都不同的小市場來應用，卻必須打上個問號。

但很多人無法分辨其中的細微差異，反而只追捧高大上的案例與理論，進而把認真書寫臺灣情況的臺灣版本作品視為次級品甚至建議不需讀，那可能最後在末端實踐上會出很大的狀況卻還找不出問題在哪邊。

另外，還有個建議，如果對某個閱讀主題已經有基本涉獵，需要的是取用書中知識觀念來應用時，不妨找看看該主題有沒有日文作品？

日本出版品中的一大強項，就是拆解主題知識系統中的知識元素，設計成方便實用好上手的工具書或圖解書，只要按照書中步驟執行，就能學到基本的運作模組。

歐美作品雖然擅長講故事讓人輕鬆理解觀念，但是在如何實作部分，有時候講得相當簡略，甚至是略過不講，一部分原因是有不少涉及實作的作品，作者都有培訓課程，書籍出版的目的之一就是希望透過作品吸引讀者報名課程，因此在書中不會談到太多實務技巧，只會講解觀念或講故事吸引人上鉤，這些都是在閱讀過程中可以留意的地方。

成熟的閱讀態度，必須將自己放在與作者對等的關係上

讀書多年，我發現一個有趣的現象，那就是人們會不自覺的信任甚至崇拜白紙黑字印刷成書的作品中的觀點，連帶相信寫書的人，並且相信有出過書者的觀點。

雖然說，從邏輯上我們知道，一本書中的知識是否有效或正確，得從邏輯或科學的角度檢驗。

或許是我們時間或專業有限，不可能每一本書都如此深入檢驗，只好採用一種素樸的化約論，相信出書過程的環節已經幫我們審定過知識。

此外，受傳統中國文化差序格局影響，還有我們對作者（權威的一種）的尊崇，和學填鴨考試教育的「教科書一定是對的」思想的制約，不少人在生命早期開始接觸書籍資訊時，不自覺地以仰望的姿態面對作品，以一種我不如作品的姿態閱讀，形成作者與讀者間的不對等關係，如果一本書的寫作者本身是大學教授暢銷作家或是古代偉人，此一情況就更為普遍。

這本來也沒有不好，人一開始甚麼都不懂，的確是從什麼都不懂的零開始累積，且寫書

的人大多時候也的確比我們其他人懂得更多，推崇並尊重好像也是應該的。

問題是，有心人利用這樣的狀態，植入威權與父權，以高壓的方式，將仰望作品常態化且系統化，不容否定或討論，只能接受與順服。

此類只能接受作品所說觀點與證明的態度，會削弱人的獨立思考與批判能力，讓人不敢與作品對話或提出反詰，只能安安靜靜的讀完，然後記下所謂的重點。

我並不是很贊同不能反駁作品觀點或證明方式的讀書方法，我認為成熟的閱讀態度是雖然身為後學的讀者，也應該採取與作品採取對等的互動關係，導入科學或邏輯思考，客觀且公允的對作品中的論點與論證提，若有不同意見就以理陳述之，不要壓抑自己的困惑與不解。

不過身為讀者要達到能夠對作品提出批判性審閱的程度，也得累積相當程度的知識量，懂得如何審視知識使用的真偽或正確性。

更重要的一點是，將自己培養成帶有主體性的閱讀者，而非被動為了其他人或體制的需求而讀書。帶有主體性的意思是，有自己的閱讀問題意識，知道自己為何要讀？要讀什麼？怎麼讀？花多少時間讀？要讀出什麼？讀出來東西要怎麼使用到生活中？

雖說不少人都是仰望知識，但也有一些人是貶抑知識，明明不知道書上所說的事情到底是對還是錯、是真還是假，就一律以輕蔑的態度斥責之，坊間一些讀書無用論，或是成功學勵志書要是有用為何還是一堆人很失敗的說法，甚至大學都還沒畢業卻覺得相關領域的專家博士所說所寫都是不值得重視的錯誤觀念等等，基本上都是這類思想的延伸，也是非常不可取的姿態。

姿態過低或過高都不合宜，沒有足夠裝備就去面對作品，要不就是全盤接收或臣服，要不就是有看沒有懂，都不是好的閱讀態度。**讀者面對文章，就是平等以對，並且在閱讀過程中和作品一起努力，解讀出作者真心想要傳遞的訊息之餘，試著找出作者遺漏或沒有處理好的部分，若是閱讀之後可以針對這些不足處，自己給予補充與強化，那就更好了。**這才是良好而健全的閱讀態度，這也是西方科學知識可以快速累積的原因，科學社群內的讀者都是抱持彼此幫補與批判的角度，找出錯誤或不足後寫出文章來補充強化之。

讓自己隨時隨地能夠讀書

不要把讀書當成一件大事，不要慎重對待，而是要當成像是每天習慣一定要做的事情（吃飯睡覺呼吸洗澡刷牙）般，將讀書養成一種習慣，一有空閒就能拿起書來讀，不需要特別預留閱讀時間，一有零碎時間就拿起書讀，能讀一頁就讀一頁，能讀一句就讀一句，養成習慣的持之以恆不斷讀，比希望自己某天有空時一口氣讀很多更重要。

生活中隨處都可拿到書

背包裡放書、客廳書房臥房廁所都要放書。

不同的場合看不同的書。

雜讀是一定要的，世界上沒有任何一本書是孤島，每一本書都與其他一群書有所關聯。同時讀很多不同類型的書，經常會在不同書中看見關聯性，還能觸類旁通、舉一反三，有所啟發，領略知識的奧妙。

十分鐘以下的零碎時間

如：下課時間、等車、如廁、等人、電視廣告時間。
讀短篇小說、報刊雜誌的報導文章、兩千字以內的散文、生活風格類圖書……。
不需要認真讀的書，瀏覽即可的書，分心讀即可的書。

十到三十分鐘的零碎時間

如：通勤、早上起床後／晚上睡覺前。
讀非文學類作品（可讀一到三章）、生活指南類叢書、中長篇小說、商管／理財／勵志類圖書。

三十分鐘以上時間

每天固定給自己安排一個三十分鐘到一小時的閱讀時間。系統性主題閱讀、專業書籍、需要花腦力思考的時間放在這個時間來讀。讀書時最好能暫時與世隔絕，不要上網、聽音樂，專心閱讀，適量畫重點寫筆記。

每天讀三十分鐘到一小時，勝過一週給自己一個半天時間讀書。

不同時間讀不同的書，養成習慣。

克服讀不下讀的方法：建立儀式行為＋習慣成自然

「讀不下去」，應該是很多想讀書卻讀不了甚麼書的人共通的困擾吧？明明知道讀書很重要，也不是不喜歡讀書，就是不知道怎麼回事，沒辦法讀下去。

心靜不了：或許是擔心工作上未完成的案子，或許是生活行程／應酬太滿太緊湊，成天處於一種忙碌的緊張狀態，心神不安寧，做甚麼事情都心不在焉，光是把心思放在工作或家庭生活上已經耗費大半力氣，每天停下來的時候已經很累了，根本沒心思讀書，就算偶爾想起，拿起書來，卻是怎麼也讀不下去。

童年創傷經驗：求學時代填鴨教育讓讀書與考試的連結太過深刻，讀書的目的性太強不說，許多人想到讀書就滿是挫折經驗（考試考不好被罵），打從心裡厭惡讀書這件事，離開了學校自然拋棄書本，內心已經形成一種莫名的厭書情結。

替換錯誤的思緒：克服讀不下書，得先將讀不下書的思緒替換掉。心態是決定一個人樂觀或悲觀的重要關鍵，討厭或喜歡也只是一念之差，起因於對某件事的認知。將討厭讀書或讀不下書的負面情緒替換掉，在替換的過程中建立新的習慣，等到新習慣養成後，就能輕鬆克服原本厭惡的事情。

閱讀前，來個簡短禱告吧！

人類學研究發現，「儀式」行為，有助於人類轉換「認知」。舉例來說，基督徒做主日崇拜時，一開始的詩歌、禱告，就是一種「儀式」，目的在幫助弟兄姊妹從一般生活的社會空間轉換到聚會崇拜的神聖空間中，並預備好敬拜的心。

還沒有建立閱讀習慣、把閱讀當作像吃飯刷牙一樣生活中不可缺少的習慣之前，總是會有讀不下去的焦躁心情的人，不妨在開始閱讀之前，替自己建立一個小小的儀式行為。

讀書前泡杯咖啡或茶，習慣到某張沙發上窩著，聽音樂，都可以。

除了儀式行為之外，其它還有一些幫助自己進入閱讀的辦法，像是讀自己有興趣的書（不要老是為了考試或工作而讀書），找些有趣的好玩的書來讀（不要勉強自己讀沒興趣的書），慢慢地讓閱讀在生活中占有一席之地，一點一滴的擴增閱讀時間（可以節省講電話或看電視或上網的時間來讀書，亦或者利用通勤的零碎時間來讀書）。

附錄　輕鬆辦好企業讀書會的秘訣

記得剛出社會第二年，因為工作的關係，去過幾個大企業帶讀書會。企業裡的讀書會，大概是最多人想逃卻又害怕被上司主管點名作記號的一件額外工作。如果都不參加，害怕自己淪為主辦，還得負責導讀；但是如果參加，即便書是公司撥預算買給員工，自己也很有興趣，卻也沒時間讀完指定書籍。抑或者，光是讀書和參加讀書會沒問題，但是一旦要自己上台報告，就一個頭兩個大，不知從何準備起，比寫自己的專案報告或企劃書還要花時間。

如果您有上述困擾，可以參考本文介紹的一些方法，相信能大幅減少準備讀書會的時間，又能提高讀書會的成效。

首先，我們要釐清一個很大的迷思，那就是我在前文也講過的「書一定要讀完」的觀念。書不一定要讀完，甚至常常不需要讀完，只需要抽取出自己需要的部分即可，其他都可以擱置。

那麼對於企業讀書會來說，指定讀物中的哪些東西是我們需要認真讀出來的部分？我認為，是作者在書裡提出的問題，還有作者用來解決問題的答案（通常就是書名或各章節目錄的章名，乃至作品中反覆出信的關鍵概念）。

這兩部份是最關鍵的，至於證明答案為真的部分，不需要全部細讀，只要概略瀏覽，尤其是國情或組織規模都跟自己公司差距很大的作者寫的書，證明答案為真的論證，若有時間再快速看過，沒時間就挑一兩則你有興趣的看一下即可。

或許你會說，書沒讀完就參加讀書會，作為單純參加者應該沒問題，但是做為主導讀書會的人，這樣也可以嗎？

我的看法是，可以的。只要論證的部分，主講人透過引導式提問法或分組討論法，將書中找出答案與證明的部分變成讀書會的其中一項活動即可。

能引發關注又能激盪出火花的讀書會，是讓與會成員們能透過問題的引導，討論出自己的答案。

因此，讀書會並不需要花很多時間講解指定讀物的重點摘要，只需介紹作者的問題跟勾勒出問題的幾個主要現象資料，接下來就是將作者的提問逐一丟給與會成員進行討論。

所以，**讀書會最好以分組形式進行，進行的順序可由主講者先破冰，接著概要介紹指定讀物的基本背景資料、主要目的與問題，接下來就可以讓分組成員討論問題。**問題討論的方式可以是各組討論一題，然後分組報告；或是逐題分組討論，再讓各組交流討論。

為何企業讀書會上的指定讀物，大多數的內容都不用讀？因為，企業讀書會基本上選讀的書都是跟商業或工作有關，也就是俗稱的非文學類作品，這類作品都是透過講述案例故事或者科學研究成果來作為作者解決書中所提出問題的證據，而這些證據只是為了說服讀者相信，是作者寫書的配套（問題、答案與證據必須三位一體）。

但是，作為讀者的我們，未必要全部依賴作者提供的證據，我們可以根據作者提出的題目，使用我們原本已知的知識，自己找答案與證據。

通常，商管類圖書問的都是老問題，只是換新方式，證據也是，只有答案會有出人意表的新概念或使用概念的方式，然而，通常也是脫胎於過去的一些文獻資料的升級進化，只是作者比較會取酷炫的概念名稱，本質上是換湯不換藥。

好比說灰犀牛穀倉效應執行力這些書，答案其實就是書名，只要反向找出作者之所以提出這些答案的問題，再把答案的定義找幾個案例解釋清楚，書的重點其實就掌握住了，但問題關鍵是，掌握住知識後該怎麼用？

如果單純摘要式導讀書籍重點的讀書會，很難在這部分深入處理，除了沒想到之外，也可能時間不夠，但是，活用知識才是企業讀書會真正想要落實的目的吧？

也就是說，企業讀書會上的閱讀，如果主事者是希望參與者能夠學習並使用書中所提供的答案來解決書中所提出的問題（剛巧也是我們公司必須解決的問題），那麼，最好的方法就是把這些問題跟答案從書中抽取出來，讓大家自己討論，自己找出答案跟證明，最後如果有時間再來跟作品中的證據進行比對。

讀書這件事情，至少在商業或工作上是為了使用書中知識而不是為了讀完或背起來，在這個前提下，帶領人請各組帶開討論書中的問題，並回來報告成果，會比將整本書濃縮摘要、如實報告的效果好得多，因為我們每個人根據工作或生活中的實際情況進行討論，然後找出自己的答案與證據資料，更能應用。

如果一定要說，那麼帶領人必須花點時間將書籍中的問題與組織所欲探討或解決的問題整合成專門的問題組，如此即可。

讀書會的關鍵在於成員之間的彼此交流，使用作品中的提問與答案作為引子，即便書沒讀完，也能有精彩的討論與豐富的收穫。

以下我將如何從書籍中拆出重點資訊來製作讀書會的重點項目，以及建議的讀書會執行流程製作成表格，供大家參考：

拆出書籍重點　舉辦讀書會（問題討論與交流）	
進行模式	主導人簡報式／導讀 成員討論式／交流問答
書籍閱讀	導讀單書內容為主 其他同質性書籍為輔助討論進行
目的	傳達新知 討論交流 延伸應用
聚焦	問題討論與交流
進行形式	討論型（分組為佳） 各組討論一個問題再彙整全部的成果

經典案例	世界咖啡館 研究所的討論型課程 （一人先導讀指定範圍之文本內容後，丟出問題讓與會者進行討論）
讀書會進行流程	破冰 自我介紹 帶出問題—本次閱讀書籍與書籍問題 進行闡述—本次閱讀書籍與書籍答案 引發討論—分派問題給各組討論 進行討論—各組進行討論 整理討論—各組彙整討論結果 收尾／結論—分組報告與主導人總結
破冰	講故事 玩遊戲 問答互動 破冰遊戲的設計是活動成敗關鍵，讓與會者能透過活動感受到作品想要傳達的訊息，方為成功。
自我介紹	我是誰？ 我為什麼在這裡？ 我們要一起來做些甚麼事？ （個人對主題的探索興趣）
認知定位問題講解	以故事或統計建構出問題現狀 破除錯誤認知，建構正確認知

問題意識	作者想要解決甚麼問題？ 將書中的提問段落彙整出來進行報告
核心論點	作者提出哪些的論點／理論（架構）來解決他所提出的問題？
關鍵論證	作者用什麼（故事／統計／邏輯推論／科學研究成果／個人經驗）來證明其論點為真？ 挑選一兩則關鍵論證進行簡報即可。
說服手法	聚焦討論問題 引發討論與交流意願
佐證手法	分組討論，找出個人所知悉之案例或故事或相關知識作為佐證作者原本主張的論證，可與工作上的問題處理連結。
活動關鍵	萃取作品中的問題意識
活動成敗關鍵	原書作者以正反對立的論辯來呈現其所欲採納之主張為正確，讀書會則是讓與會者自行根據問題進行交流討論，找出所有可能性（甚至會超出作者原本設想的部分），再由與會者或主講人進行歸納，完成討論！
自己讀書可能讀不懂的部分	以討論／對話／問答／辯論等交流方式引導理解
知識連結	加入主講人的理解與感受
延伸應用	主講人歸納與會者的意見後，抽取出新的意見與當下處境連結，丟出嶄新問題，再讓與會夥伴討論

啟思路15　PI0054

超快速讀書法

──打造強大閱讀力，掌握專屬知識地圖！

作　　者　王乾任
責任編輯　鄭伊庭
圖文排版　林宛榆、楊家齊
封面設計　蔡瑋筠

出版策劃　釀出版
製作發行　秀威資訊科技股份有限公司
114 台北市內湖區瑞光路76巷65號1樓
電話：+886-2-2796-3638　傳真：+886-2-2796-1377
服務信箱：service@showwe.com.tw
http://www.showwe.com.tw
郵政劃撥　19563868　戶名：秀威資訊科技股份有限公司
展售門市　國家書店【松江門市】
104 台北市中山區松江路209號1樓
電話：+886-2-2518-0207　傳真：+886-2-2518-0778
網路訂購　秀威網路書店：https://store.showwe.tw
國家網路書店：https://www.govbooks.com.tw
法律顧問　毛國樑　律師
總 經 銷　聯合發行股份有限公司
231新北市新店區寶橋路235巷6弄6號4F
電話：+886-2-2917-8022　傳真：+886-2-2915-6275

出版日期　2020年2月　BOD一版
定　　價　350元

版權所有・翻印必究（本書如有缺頁、破損或裝訂錯誤，請寄回更換）
Copyright © 2020 by Showwe Information Co., Ltd.
All Rights Reserved

Printed in Taiwan

國家圖書館出版品預行編目

超快速讀書法: 打造強大閱讀力, 掌握專屬知識地圖! / 王乾任著. -- 一版. -- 臺北市 : 釀出版, 2020.2

面 ;　公分. -- (啟思路 ; 15)

BOD版

ISBN 978-986-445-371-9(平裝)

1. 讀書法 2. 閱讀指導

019.1　108021164

讀者回函卡

感謝您購買本書，為提升服務品質，請填妥以下資料，將讀者回函卡直接寄回或傳真本公司，收到您的寶貴意見後，我們會收藏記錄及檢討，謝謝！如您需要了解本公司最新出版書目、購書優惠或企劃活動，歡迎您上網查詢或下載相關資料：http:// www.showwe.com.tw

您購買的書名：________________________________

出生日期：________年________月________日

學歷：□高中（含）以下　□大專　□研究所（含）以上

職業：□製造業　□金融業　□資訊業　□軍警　□傳播業　□自由業

□服務業　□公務員　□教職　□學生　□家管　□其它_____

購書地點：□網路書店　□實體書店　□書展　□郵購　□贈閱　□其他

您從何得知本書的消息？

□網路書店　□實體書店　□網路搜尋　□電子報　□書訊　□雜誌

□傳播媒體　□親友推薦　□網站推薦　□部落格　□其他__________

您對本書的評價：（請填代號　1.非常滿意　2.滿意　3.尚可　4.再改進）

封面設計____　版面編排____　內容____　文／譯筆____　價格____

讀完書後您覺得：

□很有收穫　□有收穫　□收穫不多　□沒收穫

對我們的建議：________________________________

____

____

____

請貼
郵票

11466
台北市內湖區瑞光路 76 巷 65 號 1 樓
秀威資訊科技股份有限公司 收
BOD 數位出版事業部

（請沿線對折寄回，謝謝！）

姓　名：＿＿＿＿＿＿＿＿ 年齡：＿＿＿＿ 性別：□女 □男

郵遞區號：□□□□□

地　址：＿＿＿＿＿＿＿＿＿＿＿＿＿＿＿＿

聯絡電話：(日) ＿＿＿＿＿＿＿＿ (夜) ＿＿＿＿＿＿＿＿

E-mail：＿＿＿＿＿＿＿＿＿＿＿＿＿＿＿＿